Daniel Gorion

*

Jakob

*

Warum Gott die Schönen und Klugen liebt

Copyright Text © Daniel Gorion 2016
Alle Rechte vorbehalten.
Coverbild: William Blake, Jerusalem, The Emanation of The Giant Albion, Platte 99
"Then each an Arrow flaming from his Quiver fitted carefully..."
(Public Domain)
Herstellung und Verlag:
BoD - Books on Demand, Norderstedt
ISBN 978-3-7412-6688-1

INHALT

I. Kapitel: Liebe und Hass	**6**
Der Finger im Ozean	7
Der liebende Schöpfer	7
Bittere Pillen	8
Imago Dei – Warum Gott liebt, wen er liebt	8
Jerobeam	13
Das Kain–Paradox	15
Eine Liebe bis zum Tod	16
Gott liebt die Wilden	20
II. Kapitel: Jakob, der Fersenhalter	**22**
Jakob als Schlüssel des Verstehens von Isaacs Leben und Abrahams Glauben	23
Die Freuden unverhoffter Schwangerschaft	24
Der Fersenhalter	26
Zwei ungleiche Brüder	28
Um einen Teller Linsen – das missglückte Debüt eines Gauners	30
Die Einsamkeit des Weisen	33
Hungersnot – Jakob lernt	35
Der gestohlene Segen	37
Der rasende Esau	40
Flucht zu Verwandten	42
Ein finsteres Tal	45
Denn du bist bei mir	47

Die Architektur des Seins 48

III. Kapitel: Geistige Beschneidung

Das Mädchen am Brunnen 53

Laban – der sonderbare Lehrmeister 57

Sieben tote Jahre – sieben heilsame Jahre 59

Die Bausteine der religiösen Existenz 60

Die Weisheit des Dulders 61

Die Fallstricke des glaubenden Herzens:
Hochmut und Demut 64

Das Beben 68

Familiensorgen 69

Ein riskanter Plan 73

Der Krieg der Gebärenden – die Geburtswehen eines Volkes

Der Charakter eines Volkes – den Spiegel gedreht 79

Jakob will sein eigener Herr werden 80

Jakob flieht...erneut 83

Der gestohlene Gott 84

Die Wirklichkeit durch die Brille eines Gottesslieblings

Jakob ringt mit Gott 89

IV. Kapitel: Der Kreis schließt sich 93

Parallelismus als hermeneutischer Schlüssel der Tora 94

Das Urbild des Gesetzes: Das Leben 95

Gottes Liebe ist konditional (1) – Die Gesinnung ist entscheidend 97

Gottes Liebe ist konditional (2) – Der Mensch als Spiegel; Schönheit und Geistigkeit 100

*Lasset uns Menschen machen
ein Bild, das uns gleich sei
die da herrschen*

Gen 1, 26

I. Kapitel
Liebe und Hass

Der Finger im Ozean

Der Tanach ist wie ein Ozean, grenzenlos nach allem Maß. Selbst nach Jahrtausenden kann der noch Neues entdecken, der danach sucht, der wagt, in die Tiefe zu blicken, den Finger in das Schwarze zu tauchen.

Der liebende Schöpfer

Der Gott der Bibel ist ein eifersüchtiger und äußerst leidenschaftlicher Zeitgenosse. Wen er liebt, liebt er mit der ganzen Wildheit seines Herzens. Aus seiner Zuneigung macht er keinen Hehl – das Gegenteil: Er wird nicht müde, seine Auserwählten auf penetranteste Weise zu privilegieren, damit die ganze Welt jene Menschen als seine Lieblinge erkennt, an denen er seine Größe demonstrieren möchte. Diese Auserwählten, diese Geliebten Gottes, sind nicht zu vergleichen mit den glattgeschliffenen Heiligen des Christentums, noch mit den holzschnittartig-rohen Charakteren des Griechen- oder Römertums. Stattdessen haben wir es mit *echten* Menschen zu tun, mit Männern und Frauen, die unsere oft naive Vorstellung vom Auserwähltsein, von Reinheit, von Perfektion und Hingabe, gründlich auf den Kopf stellen. Diese Eigenartigkeit, diese sonderbare Synthese aus Perfektion und Unvollkommenheit erweist sich gerade in ihrer menschlichen, ja allzumenschlichen Natur. Weder sind sie makellos, noch eindimensional. Sie kennen das Böse und das Gute – die verbotene Speise ist ihnen wohl bekommen. Uns begegnen in den Gestalten des Jakob/Israel, des Josef und des David hochkomplexe Persönlichkeiten, die ihren Anteil sowohl am Licht der Übermenschlichkeit wie auch an jener verzehrenden Finsternis haben, die auf dem Grund der Seele lauert.

Dieses Büchlein wird einen dieser Geliebten Gottes näher betrachten: Jakob. Die Dramaturgie seiner jeweiligen Lebens- und Glaubenskontexte wird die Basis einer Deutung bilden, die zum Ziel hat, jene biographischen und charakterlichen Wesenselemente zu enthüllen, die Gottes Liebe ursächlich und notwendig vorausgehen. Für den Gläubigen hat die Untersuchung also einen sehr praktischen Sinn: Sie wird ihm aufweisen, unter welchen Bedingungen er Gottes Wohlwollen gewinnen kann.

Bittere Pillen

Die obligatorische Klage des Propheten: Was tun, wenn zwischen Wahrheit und Wohlgefallen zu entscheiden ist? Warum, oh Herr, zwingt du mich, dem Volk den Kopf zu waschen? Sie werden mich steinigen.

Dass die Idee der konditionalen Liebe Gottes wie sie hier vertreten wird, vielen bitter aufstoßen wird, versteht sich von selbst. Dass der Text, den wir als Gottes Wort verstehen – die Tora als Fundament und der Tanach als weiteren Aufbau –, aber gar keine andere Deutung zulässt, ohne ihm dabei Gewalt anzutun, liegt gleichfalls auf der Hand. Der Autor muss nun wählen, ob er den Text oder die Gefühle seiner Leserschaft respektiert. In jeder anderen Konstellation, wäre die Leserschaft, das Publikum, zu bevorzugen. In dieser besonderen aber muss man dem Text gerecht werden, steht doch die Wahrheit und Autorität des Gotteswortes sehr eindeutig über den Befindlichkeiten seiner Adressaten – zu ihrem Nutzen freilich, eine bittere Pille, ein Ende mit Schrecken.

Imago Dei – Warum Gott liebt, wen er liebt

Das größte Missverständnis aufgeklärter Religionen ist die abstruse Behauptung, die Liebe Gottes wäre universal, abstrakt und auf die ganze Menschheit, ja Schöpfung, d.h. nicht auf das Individuum, sondern auf die gleichfalls universale und abstrakte Gattung an sich bezogen. Eine solch allumfassende Liebe zu allem und jedem wäre notwendig kalt und tot, sind es doch die Einzelheiten, das Besondere, das Außergewöhnliche, das liebenswert ist und macht. Eine universale Liebe ist undenkbar, da unmöglich. Liebe ist warm und lebendig und konkret und situativ; sie ist wandelbar, sie kann gewonnen und verloren werden. Liebe wird *erlebt*; sie verwirklicht sich im Erleben. Der Satz „Gott ist die Liebe" ist gleichbedeutend mit „Gott ist tot."

Das zweite Missverständnis, das sich ganz konsequent aus der anmaßenden Behauptung einer universalen Liebe Gottes ergibt, ist die Leugnung eines göttlichen Hasses. Gott *kann* nicht hassen, weil er eben lieben muss. Was lieben? Wen lieben? Alles und jeden und immer. Abstrus und, wenn zu Ende gedacht, unerträglich.

Stellen wir uns einen Mann vor, der einer schwangeren Frau, die er nicht kennt, aus purer Neugier, den Bauch aufschlitzt. Gott liebt ihn! Stellen wir uns den Despoten vor, der Tausende foltern und hinrichten lässt. Gott liebt ihn! Stellen wir uns einen Menschen vor, der sich an Kindern, an Säuglingen vergeht. Gott liebt auch ihn. Schon diese Sätze zu schreiben, erfüllen einen mit Widerwillen. Wie sollte Gott das Böse, das Schlechte, das Verletzende lieben? Ein solcher Gott wäre sein genaues Gegenteil, ein Antigott, ein Aftergott – Satan.

Warum beharrt man aber darauf, Gott einen indifferenten, einen wahllosen Liebeswillen zu unterstellen, eine, wenn man so will, karitative Promiskuität? Dieser berechtigen Nachfrage begegnen die meisten Religionsvertreter mit der arroganten Feststellung, dass der Mensch, der kleine, sündige Mensch, dieses Gewürm, das seine elenden Tage auf dieser elenden Welt verbringen muss, schlicht nicht fähig sei, diese große, reine und bedingungslose Liebe zu begreifen, mit der uns Gott wie eine Prostituierte wahllos beschenkt. Wie kann aber eine Religion behaupten, die Liebe Gottes als Wahrheit, als Faktum erkannt zu haben, wenn der Mensch, d.h. jeder einzelne, unfähig ist, diese Liebe überhaupt zu fassen, d.h. sie zu *erleben*? Eine Liebe, die nicht erlebt werden kann, ist keine Liebe, sondern nur Begriff, Abstraktion – die stinkende Leiche des Heiligen.

Die Absurdität, die dem Gottsuchenden hier entgegen schlägt, ist atemberaubend. Dass der Atheismus sich in

Anbetracht solcher Idiotien wie eine Epidemie verbreiten muss, dass religiöse Systeme selbst in erschreckender Geschwindigkeit erodieren, verwundert nicht. Gott ist tot, hat Nietzsche postuliert, *ihr* habt ihn getötet: Ihr, die Priester und Theologen jener Lügensysteme, die behaupten, Gott wäre etwas Unfassbares, Abstraktes, unendlich weit Entferntes, dem man sich nur über seine Vertreter – seine Zuhälter – und deren Vermittlungsleistungen (Dogma, Ritual etc.) annähern kann.

Was ist das für ein Gott, der Vermittler braucht? Ist es derselbe, der die Schöpfung ins Werk gesetzt und sie mit einer vollkommenen Ordnung versehen hat? Man kann es kaum glauben und wer ein wenig Verstand und einen Rest gesunden Instinkt besitzt, der glaubt es auch nicht.

Gottes Liebe ist wie er selbst: Klar, luzide, souverän, konkret, d.h. ohne jede Vernebelung, echt, authentisch. Gottes Liebe ist fassbar, man kann sie sehen, fühlen, erleben. Gott liebt, wie wir Menschen lieben: Wild und leidenschaftlich und prätentiös. Seine Liebe ist ungerecht und verzehrend, sie ist mitunter wandelbar und sehr, sehr verletzlich – ein Betrug, eine Enttäuschung genügen, um Zuneigung in Hass und Abscheu zu verwandeln. Aus Segen wird Fluch. Die *Furcht* Gottes, die jeder kluger Mensch besitzen sollte, ist sehr wörtlich zu verstehen. Man sollte sich vor ihm fürchten, sich fürchten, ihn zu verärgern. Und je mehr man geliebt wird, desto größter sollte die Furcht sein – aus der Höhe fällt man tief oder: Die Furcht ist der Anfang aller Weisheit.

Wie ermisst man diese Liebe Gottes? Was ist ihr Gegenstand? Wie kann man sich ihrer gewiss sein? Das protestantische Dogma von der Auserwählung durch Gott identifiziert das Vorhandensein der Liebe mit dem bereits innerweltlich empfangenen Segen. Wem es gut geht, der ist auserwählt, geliebt, wem es schlecht geht, nun, der hat wohl Zorn und Strafe nicht ohne Grund auf sich gezogen, denn Gott ist gerecht und vergilt jedem nach seinen Wegen. Dieses Dogma ist zwar strukturell richtig – das Auserwähltsein ist faktisch sichtbar –, allerdings zeigt sich die Erwählung nicht im Spiegel innerweltlicher Erfolge, die ja vor Gottes Augen ohnehin keine Bedeutung haben. Der Spiegel ist der Mensch selbst, sein Charakter, sein Innenleben und auch sein Äußeres. Die sozialen und monetären Früchte seiner Privilegierung treten wenn, so erst an zweiter Stelle dazu.

Imago Dei, Abbild Gottes ist der Mensch. Gott erblickt daher in seinem Geschöpf sich selbst und sich selbst liebt er im Menschen – was sollte Gott auch anderes lieben als sich selbst?

Im Spiegel seiner Schöpfung erkennt sich der Schöpfer selbst. Nicht sein Idol erkennt er, kein lebloses, starres, doch vollkommen geformtes Objekt. Nein, sein Abbild ist lebendig wie er selbst und muss es auch sein. Abbild, Spiegelbild – Gleichnis aus Fleisch und Vernunft. Gerade darum hat der Mensch Leben und darum hat er Geist, Seele, Empfindung und endlich auch die gleiche Freiheit, Souveränität und Schaffenskraft, wie sein Schöpfer.

Doch gerade diese Freiheit korrumpiert den Menschen. Er scheitert und fehlt. Er missbraucht seine Macht, um zu tun, was böse ist. Dieses Missbrauchen der Freiheit führt zum Verfall des Menschen. Er vergeht, verkommt, zersetzt sich – er stirbt, denn die Sünde führt notwendig zur Vernichtung.

Stellen wir uns Gott vor einem Spiegel vor: Er blickt hinein und sieht einen schönen Mann, eine schöne Frau. Er beobachtet sein Abbild, wie es denkt, wie es handelt, wie es fühlt, wie es wählt. Mann und Frau verbinden sich. Was getrennt war, wird vereint – ein Fleisch und eine Seele. Der Mann wirkt in der Welt, er ist Segen für andere. Die Frau wirkt in der Welt, sie ist ein Segen für andere. Die beiden nehmen zu, werden groß – inwendig an Weisheit und Liebe füreinander und für den Schöpfer, den sie in ihrem Leben gleichfalls wie in einem Spiegel erkennen; äußerlich an rechtschaffenen Gütern und Nachkommen. Ein warmes Heim voller Gelächter und Frohsinn, ohne ernste Krankheit und andauernde Kümmernisse. Nun mehren sie sich. Schaffen, schöpfen, gleich ihm, der sie geschaffen und geschöpft hat, Abbilder ihrer selbst. Ihre Kinder werden geboren, gesund und schön. Man erzieht sie in der Furcht des Herrn, denn sie sollen stark und gerecht werden, eine Freude ihren Eltern, eine Freude für Gott. All das sieht und beobachtet der Schöpfer im Menschen, der sein Spiegelbild ist. Kann man sich nicht vorstellen, wie er lächelt, wenn er es sieht? Kann man sich vorstellen, dass er nicht hochzufrieden ist? Ja, das ist seine Schöpfung, das ist, was ihn widerspiegelt, schön und klug und gesund und in allem vollkommen und wunderbar und ohne Schatten. Also segnet er die jungen Eltern und ihre prächtigen Kinder. Gesundheit und Wohlleben sendet er ihnen. Sein Segen umstrahlt sie förmlich. Wir selbst müssen ja lächeln, wenn wir ein schönes Pärchen mit einem Kindlein oder in guter Hoffnung sehen. Unser Herz schlägt freudig bei diesem Anblick und wir selbst möchten die Hand ausstrecken, um sie zu segnen: So wie ihr in diesem Augenblick seid, so sollten alle Menschen immer sein. Ihr seid das Bild der Welt, die da kommen wird ihr seit das Siegel des Bundes.

Was aber, wenn Gott ein widerwärtiges Abbild im Spiegel erblickt? Boshaft, verkommen, hässlich, krank, bitter – der Mensch als Untier. Er wird wütend und zornig. Wer kann es ihm verdenken? „Alles habe ich Dir gegeben, Mensch," ruft er aus. „Freiheit und Macht zu wirken; und Einblick in die Geheimnisse meiner Schöpfung; ja ich habe dich über diese ganze Schöpfung gestellt, dass sie dir dient und du sie pflegst. Was aber tust du mit deinen Geschenken, wozu benutzt du deine Macht? Du richtest dich selbst zugrunde und wirst ekelhaft, eine Schmach für mich!" Wie sollte Gott einen Menschen lieben können, der inwendig und äußerlich aus eigenem Verschulden schlecht und hässlich geworden ist?

Man sagt uns, Kriminelle könnten nichts für ihre Vergehen, sie selbst wären nur Opfer der Gesellschaft, bzw. ihr angeborener und wohl unveränderlicher Charakter zwinge sie eben, zu tun, was sie tun. Irrsinn! Oder stellen wir uns jemanden vor, der sich erst krank- und schließlich totfrisst. Wir eilen ihm zu Hilfe, indem wir sein Fehlverhalten rechtfertigen anstatt es zu korrigieren. Wir sagen: „Er muss eben essen und schlecht essen und immer mehr essen und man muss ihn bitteschön bedauern, weil ja niemand fettleibig und krank sein will." Der Betroffene hat schlichtweg Pech gehabt, als ob ihm jemand das Essen mit Gewalt eintrichtern würde, als ob er nicht selbst im Supermarkt und am Herd seine schlechten und falschen Entscheidungen treffen würden – fast immer wider besseren Wissens, also in Wahrheit willkürlich und fahrlässig. Irrsinn!

Unsere Welt ist krank. Darum hat sich Gott von den Menschen abgewandt. Ganze Gesellschaften lässt er untergehen. Er hat sie verworfen, weil ihn ärgert, was er im Spiegel erblickt: Lüge und Anmaßung.

Doch es gibt Hoffnung. Wir können die Liebe Gottes zurückgewinnen. Die Krankheit, so schlimm sie auch wüten mag, führt nicht zwangsläufig zum Tode, wenn auch das Heilmittel bitter schmeckt und die Kur qualvoll ist. Wahrheit und Demut allein können uns retten. Sie sind das Gegenmittel zum Gift der Lüge, das uns zersetzt. Wenn wir das Leben wollen, müssen wir uns an die Wahrheit halten, d.i. die Wahrheit Gottes, nicht das Wunschkonzert unsere Eitelkeiten.

Jeroboam

Gott lässt keinen Zweifel daran, wen er liebt.

Der Tanach unterscheidet sehr klar zwischen jenen, auf denen der Segen Gottes ruht und jenen, die von ihm verworfen sind. Gibt es nun Merkmale, die die Auserwählten von den Verworfenen objektiv und sichtbar unterscheiden? Man mag sofort an die Rechtschaffenheit denken. Die Gerechten sind die Freunde Gottes, heißt es. Diese verlockend-simple Annahme, jene, die die Gebote Gottes hielten, die Rechtschaffenen also, wären auch seine Geliebten, trifft jedoch nicht ohne Weiteres zu. Ein Blick in den Hiob genügt, diese unangebrachte und ein wenig feige Vereinfachung Lügen zu strafen. Hiob ist der Inbegriff der Rechtschaffenheit. Trotzdem oder gerade deswegen verwirft ihn Gott, indem er ihm um eines kindischen Streites wegen seinem Gegenspieler, dem Satan, ausliefert. Sicher, am Ende der Prüfung wird Hiob um seine Verluste und seine Mühsal entschädigt, reichlich entschädigt sogar. Aber allein die Tatsache, dass Gott Hiob ohne mit der Wimper zu zucken aufzugeben bereit war, spricht Bände und stimmt nachdenklich. Gott ist eben nicht *berechenbar*. Man kann den Segen nicht einfach durch rechtschaffenes Verhalten *kaufen*. Der Ewige lässt sich nicht gerne zwingen.

Auf der anderen Seite kennen wir viele boshafte und schlechte Menschen, die Gott recht gut behandelt und, wenn auch unter gewissen Vorbehalten, sogar davon kommen lässt. Man denke nur an Israels ersten König Jerobeam. Vor Salomon flieht er nach Ägypten ins Exil. Als er zurückkehrt, wird er der erste König des Nordreichs, welches sich gerade von Juda und Jerusalem abgespalten hat. Jerobeam ist ein Götzendiener, der Gottes Zorn auf sich zieht. In der Folge stirbt einer seiner Söhne an einer Krankheit – ein Zeichen göttlicher Vergeltung. Die Ausrottung seines Hauses wird ihm von einem Propheten angedroht, der ihn vor dem versammelten Volk während einer heidnischen Opferhandlung demütigt.

Gott hasst Jerobeam offensichtlich. Und doch geht er, wenn man die Schwere seiner Sünde in Betracht zieht, eigentlich recht sanft mit ihm ins Gericht. Trotz aller Anfeindungen herrscht Jerobeam 29 Jahre über sein Reich. Sein Sohn Nadab folgt ihm auf den Thron – das vom Propheten angekündigte Strafgericht von der Ausrottung seines Hauses trifft ihn nicht persönlich. Jerobeams Leben war zwar abenteuerlich und gewiss nicht immer leicht, aber schlecht kann man es, im Ganzen gesehen, auch nicht nennen. Tatsächlich stößt ihm während seiner Lebenszeit nichts anderes als David, dem Geliebten Gottes, zu. Die Parallelen sind auffallend: Flucht vor einem König ins Exil, der Tod eines Sohnes, Rückkehr, Renegatentum und endlich die Krone.

Man kann also annehmen, dass Gott Jerobeam nicht komplett verworfen hat, wenn er ihm ein Leben als König

und reiche Nachkommenschaft lässt, die freilich mit Fluch belegt ist und späterhin ausgerottet werden wird. Verworfen ja, aber nicht ganz, nicht vollkommen. Ein Quäntchen Sympathie scheint Gott für Jerobeam zu hegen. Wie kann man dieses scheinbare Paradox erklären? Ist nicht Jerobeam in den Büchern der Könige der Inbegriff aller Abgötterei? Was spricht vor Gott noch für ihn? Was erwirkt die unbegreifliche Milderung der Strafe?
Jerobeam ist ein starker Charakter, ein zäher furchtloser Kämpfer und ein Schmied seines Glückes. Sein Charakter ähnelt dem Davids. Als er bedroht wird, flieht er, als man ihn zu König ausruft, nimmt er die Krone willig an und riskiert einen Krieg mit Rehebam, dem König von Juda. Er organisiert das Nordreich – eine Aufgabe, die Tatkraft und Weisheit erfordert. Es gelingt ihm, seine Herrschaft zu stabilisieren. Dies alles beweist Jerobeams Willen und Durchsetzungsvermögen – Eigenschaften, die Gott imponieren. Trotz aller Flüche lässt er ihn daher gewähren und man darf davon ausgehen, dass er nur darauf wartete, ja, dass er es sich insgeheim wünschte, dieser starke Mensch würde von seinem düsterem Tun lassen und sich ihm wieder zuwenden. Gewiss wäre Gott bereit gewesen, ihm sogleich zu verzeihen.

Das Kain–Paradox

Ein besseres, doch ungleich tiefer in den Bereich des Mythos verlagertes Beispiel bietet sich mit Kain, dem Urvater der Zivilisation.

Der Vorbehalt, den man gegen Jerobeams scheinbares Glück anführen kann, Gott vernichte zwar nicht ihn persönlich, dafür aber seine Nachkommenschaft, trifft auf den Bruder Abels nicht zu. In seinem Fall folgt die Strafe der Tat auf den Fuß, wenn man auch bei näherer Betrachtung der Angelegenheit ins Grübeln kommt, worin denn nun eigentlich die Strafe besteht. Denn der Ursünder wird zum Stammvater der Kultur. Seine Kinder erfinden

Musik, Viehzucht und Metallurgie – das alles sind Bedingungen für die Entwicklung von höher geordneten Gesellschaften. Die Musik impliziert Harmonielehre, d.i. Mathematik und die zunächst rein mündliche Tradierung von Wissen in Liedern. Man denke nur an die Ilias, die in Gesängen und Versen organisiert ist, dabei aber einen reichen Gehalt an historischen, mythologischen und ethischen Informationen transportiert. Die Viehzucht ist ein nicht minder großes Geschenk, das die Kinder des Bestraften erhalten. Ihre Vorteile gegenüber der Jagd sind selbsterklärend. Die Metallurgie, die Schmiedekunst, erlaubt die Herstellung von besseren Werkzeugen – auch dies eine unabdingbare Voraussetzung für die Weiterentwicklung einer Gesellschaft. Kain ist, um es auf den Punkt zu bringen, gesegnet wie seine Nachkommenschaft gesegnet ist. Und doch bleibt sein Name wegen der Sünde des Brudermordes verrufen. Wieso segnet Gott aber jemanden, der aufgrund seines bösen Tuns doch einen Fluch verdient hätte? Betrachten wir diese kleine, doch folgenreiche Episode genauer. Sie enthüllt viel von Gottes Liebeswillen.

Eine Liebe bis zum Tod

Die Faktenlage: Kain ist der erstgeborene Mensch. Abel folgt ihm. Während bei jenem die Frage der Vaterschaft nicht weiter verhandelt werden muss, ist die Sache bei Kain durchaus brisant. Der Ausruf Evas in Gen 4,1 verursacht je nach Übersetzung mehr oder weniger großes Kopfzerbrechen: „Ich habe einen Mann hervorgebracht mit dem HERRN" heißt es in der Elberfelder Übersetzung. Die Einheitsübersetzung liest: „Ich habe einen Mann vom Herrn erworben." Die Neue Welt Übersetzung: „Ich habe mit der Hilfe Jehovas einen Mann hervorgebracht." In der revidierten Lutherbibel heißt es: „Ich habe einen Mann gewonnen mit Hilfe des HERRN." Lauter sonderbare Formulierungen, werfen sie doch die Frage auf, was es bedeutet, wenn jemand bei der Erzeugung von Nachwuchs *hilft*...

Die Vorstellung, dass Gott der Vater Kains sein könnte, dass er in Eva seine Schöpfungstat wiederholt hat, um darin sich selbst, d.h. seine Kreativität, seine Schaffenskraft, seine Ebenbildlichkeit im Menschen überhaupt erst zu konstituieren, scheint nicht unplausibel. Adam und Eva waren Wesen für den Garten Eden geschaffen. Sie waren weich und naiv – Prototypen der Gattung Mensch. Die Härten, die das plötzliche Exil mit sich brachte, mögen sie überfordert haben. Also er*zeugt* Gott durch Eva Kain. Einen harten und zugleich überaus klugen Mann, der durch ein Übermaß an Tatkraft und Erfindungsreichtum in die Lage versetzt ist, in einer feindseligen Welt zu überleben, wo selbst der Boden ihm die Nahrung verweigert (Gen 3,17; 4,12). Man behalte diese Gedanken als ersten Ertrag im Hinterkopf. Gehen wir weiter.

Kain und Abel opfern Gott. Abel, der Hirte, opfert Kleinvieh, Kain dagegen bringt Feldfrüchte dar; er ist Bauer. Indem Gott Kains Opfer verwirft, kränkt er ihn über alles Maß: Sein Blick verfinstert sich und er senkt das Haupt (Gen 4,15). Die Enttäuschung, von Gott zurückgesetzt worden zu sein, wird uns sehr bildhaft beschrieben, damit auch kein Zweifel bleibt, was es für Kain bedeutet, dass seine Liebesgabe kein Wohlgefallen findet. Ob Abel Gott liebt oder ob er ihm aus einer Art Pflichtgefühl heraus die Erstlinge der Herde darbringt, wissen wir nicht. Dagegen ist die Intimität, die Kain mit Gott (vielleicht sein Vater) pflegt, geradezu überwältigend. Der spätere Dialog zwischen den beiden bezeugt diese außergewöhnliche Nähe.

Weil sein Herz gebrochen wird, ermordet Kain den Bruder. Diese Tat wird aus mörderischer Eifersucht geboren. Sie geschieht nicht einmal im Affekt, sondern mit Vorsatz, was bedeutet, dass der Schmerz über die Zurücksetzung keineswegs nur zeitweise andauerte – er ging vielmehr tief ins Mark. Der Mörder lockt sein Opfer auf das Feld. So stark brennt sein Hass, so qualvoll drückt die erlittene Demütigung sein Gemüt, dass er trotz oder gerade wegen der vorangegangenen Warnung (Gen 4,7), den eigenen Bruder erschlägt. Kains Liebe ist leidenschaftlich und hingebungsvoll bis zur Raserei. Es ist ihm klar, dass seine Tat nicht ungestraft bleiben wird. Aber genau diese Reaktion will er provozieren. Denn für den Liebenden ist nichts schlimmer als vom Gegenstand seiner Liebe ignoriert zu werden. Desinteresse und Gleichgültigkeit sind ihm schmerzlicher als Zorn und offene Ablehnung. Weil Kain mordet, zwingt er Gott, emotional Stellung zu beziehen. Man hört ihn förmlich über den blutigen Leib seines Bruders schreien: „Ohne dich kann und will ich nicht leben. Segne mich also, liebe mich von ganzem Herzen, oder töte mich hier auf der Stelle. Es liegt an dir."

Gott verflucht Kain zunächst – dies ist die verständliche, erste Reaktion. Es könnte gar nicht anders sein, als dass Gott, beim Anblick des abscheulichen Verbrechens in Wut gerät. Doch die Angelegenheit nimmt nun einen sonderbare Wendung.

Kain widerspricht Gottes Fluch (Gen 4,13): „Zu groß ist meine Strafe, als dass ich sie tragen könnte." Vom Angesicht seines Schöpfer verbannt und mit dessen Fluch belegt, muss seine Existenz eine hoffnungslose Irrfahrt Richtung endgültiger Vernichtung werden. Dabei fürchtet Kain nicht die Vergeltung von der Hand seiner Mitmenschen, also den physikalischen Tod, den Tod des Fleisches. Würde er ihn je gefürchtet haben, nie hätte er gewagt, arglistig und planvoll Hand an den Bruder zu legen. Aber die Ferne von Gott, seine Ablehnung, seine Abwesenheit – die fürchtet er, wenn er spricht (Gen 4,14): „Siehe, du hast mich heute von der Fläche des Ackerbodens vertrieben, und vor deinem Angesicht muss ich mich verbergen und werde unstet und flüchtig sein auf der Erde."

Bleibt die Schuld, die Gott und ihn trennt, unvergeben, muss Kain unstet werden, d.h. wie ein Same ohne Wurzel, etwas, mit dem blinde Naturgewalten spielen, etwas Zufälliges und letztlich Bedeutungsloses. Er konstatiert (Gen 4,14): „Jeder, der mich findet, wird mich erschlagen." Mit dieser angehängten Erklärung wird nun

Gott förmlich gezwungen, sich zu entscheiden: Er soll vergeben und darin Kains Liebe endlich erwidern oder ihn alternativ mit eigener Hand zerstören. Mit der verzweifelten Leidenschaft seiner enttäuschten Liebe bestürmt er Gott und dieser lässt sich überraschend leicht erweichen. Er rettet Kain, indem er ihn mit einem nicht näher konkretisierten Mal bezeichnet, das ihn vor dem Zugriff der Menschen schützt (Gen 4,15). Warum lässt Gott den Brudermörder leben? Aus Liebe. Es ist die gleiche mörderische Liebe die Kain nun rettet, nachdem sie ihn an den Rand der Vernichtung gebracht hat: Es ist die gleiche heiße, glühende, ungerechte und fanatische Liebe, die Gott selbst erfüllt. Er, der Schöpfer aller Dinge, kennt das Gefühl verschmäht zu werden. Adam, sein erstes Kind, hat ihn bereits bitter enttäuscht, als er sich dafür entschied, lieber auf Eva zu hören: Ein Vertrauensbruch, eine offene Zurückweisung. Andere Enttäuschungen werden folgen, bis Gott endlich, aus dem gleichen Affekt heraus, in welchem Kain Abel erschlug, die ganze Menschheit bis auf Noah und seine Söhne ausrotten wird.

Verschmähte Liebe, die kalte Ablehnung leidenschaftlicher Anträge, Abstoßung, Entfremdung, Demütigung – es sind dies die Elemente der Geschichte einer komplizierten Beziehung zwischen Schöpfer und Geschöpf, eine unauflösbare Dialektik, die gerade in ihrer paradoxen Unauflösbarkeit besteht. Der Versuch des Christentums dieses Paradox mittels der Figur eines sich selbst opfernden Gottes aufzulösen, endet mit der faktischen Auflösung der Beziehung an sich: Gott und Mensch sind in Christus nicht versöhnt, sondern endgültig getrennt. Gott wird im Christentum zum Abstraktum. Die göttliche Liebe erkaltet, stirbt, verkommt endlich zur nichtssagenden Phrase: „Gott ist die Liebe." Damit nicht genug: Um die unerträgliche Unpersönlichkeit des abstrakten Liebesgottes abzumildern, setzt man dem Kadaver ein Krönchen auf: Man nennt ihn „persönlicher Gott", man beharrt darauf, der stinkende Leichnam würde leben – sein Gestank bewiese es ja.

Gott aber lebt. Er ist ein leidenschaftlicher Gott, eine echte Persönlichkeit mit Ecken und Kanten, die sich in uns wiedererkennen und mit uns Gemeinschaft haben möchte; Gott ist einer, der uns mit der gleichen verzweifelten Hingabe liebt, wie er von uns geliebt werden möchte. Darum vergibt er Kain, macht ihn sogar zum Stammvater der Kulturen, weil dieser ihn so sehr liebt, dass er zum Verbrechen, ja zum ultimativen Bruch mit dem Geliebten selbst bereit ist – eine paradoxe Liebe, die uns in einer geläuterten Form erst wieder bei Abraham begegnet.

Gott liebt die Wilden

Fassen wir zusammen: Gott liebt die Wilden und Starken, die Schöpfer und die Poeten, die Schönen und Gesunden. Er liebt in jenen sich selbst – daher die scheinbar ungerechte Bevorzugung der einen über die anderen. Das ist nicht anmaßend, sondern für Gott, den Inbegriff aller Perfektion, ganz natürlich; es liegt in seiner absoluten Souveränität begründet. Seine Liebe ist Brand und Feuer. Sie ist verzehrend und herausfordernd und allgewaltig. Eine Liebe, die alles verlangt und alles zu geben bereit ist, eine eifersüchtige Liebe, die nie ohne Tränen sein kann – Tränen der Freude, der Trauer, der Verzweiflung.

Wer ein Liebling Gottes werden will, der muss bereit sein, durch eben dieses Feuer zu gehen, der muss die Wahrheit ertragen und der Lüge frech ins Gesicht schlagen können, der muss anpacken und zum Schmied seines Glücks werden, der muss Segen sein, für jene, die den Schöpfer lieben, und Fluch, für die, die ihn hassen!

Nun genug der Theorie. Alle Spekulation bleibt am Ende anfechtbar und in sich nichtig, wenn sie nicht handfest untermauert wird. Diese Untermauerung bleiben wir nicht schuldig. Wir nehmen sie am Beispiel des Lebensweges Jakobs vor. Wir hätte auch Abraham, Josef, Moses, David oder andere Personen wählen können, denn, auch dies wird gezeigt werden, allen Lieblingen Gottes eignen sowohl wesentliche charakterliche als auch biographische Merkmale. Für Jakob haben wir uns entschieden, weil seine Geschichte allgemein bekannt und in der Schrift selbst sehr reich ausgearbeitet wurde, was die Analyse erheblich vereinfacht.

II. Kapitel:
Jakob, der Fersenhalter

Gott liebt, wen er liebt und er hasst, wen er hasst. Der Tanach lässt keine Zweifel an dieser simplen Wahrheit. Doch es ist nicht nur die leidenschaftliche Hingabe, die Gottes Gegenliebe...nun erzwingt. Es ist mehr nötig, als eine entsprechende Gesinnung allein: Die Starken, die Hervorragenden und die Furchtlosen liebt Gott, jene also, die in der Welt *wirksam* sind – wir würden sie Helden nennen, Gott nennt sie seine Freunde und Kinder. Wildheit und Wagemut gefallen ihm. Die kalte Schulter zeigt er dagegen den langweiligen Rechtschaffenen, den feigen Befolgern der Gebote, den Mutlosen und den Faulenzern. In sehr luzider Weise wird dies alles am Leben Jakobs sichtbar. Der Name des später *Israel* genannten Stammvaters der Nation Gottes bedeutet übersetzt: Betrüger, Gauner, Schelm. Er könnte treffender nicht gewählt sein. Jakob *ist* ein Schelm, einer, der sich das Krumme gerade biegt, der sich die Welt macht, wie er sie braucht. Doch dabei immer an seiner Liebe zu Gott festhält. Welcher Vater muss nicht über die tolldreisten, im letzten aber harmlosen, ja liebenswerten Streiche eines solchen Sohnes lächeln? Und Gott lächelt über diesen Jakob, und scheint wie eine nie untergehende Sonne über all seinen Tagen – wenn auch die eine oder anderen Wolke sich beizeiten zwischen sie schieben mag...

Jakob als Schlüssel des Verstehens von Isaacs Leben und Abrahams Glauben

Jakobs Geschichte beginnt *inmitten* einer Wiederholung. Isaacs, seines Vaters, Leben wiederholt die zentralen Stationen des Lebens von Abraham: Auswanderung, die Verleugnung der Frau bei den Fremden, ihre Unfruchtbarkeit, die Verheißung reicher Nachkommenschaft, zwei mehr als ungleiche Söhne, die später Kontrahenten werden.

Diese Wiederholung ist keineswegs zufällig. Sie hat pädagogische und hermeneutische Funktion, gibt Auskunft über das je vorliegende Verhältnis zu Gott und sein planvolles Wirken in und durch die menschliche

Existenz. Ihre Wiederholungen sind immer Schlüssel zum vertieften Verständnis vorangegangener Ereignisse. Die Geschichte der Konkurrenz zwischen Esau und Jakob bildet den Schlüssel für das Verhältnis von Isaac und Ismael und dieses wiederum reicht zurück bis auf Kain und Abel. Das Urbild der Figur ist der „Bruderkampf" mit der weiteren Implikation: Konkurrenzkampf der Geschöpfe untereinander. Eine andere Dimension der Wiederholung enthüllt das Verhältnis von Vater zu Sohn. Durch das Gewese des Sohnes wird der Glauben des Vaters begriffen. Anders geendet: Der Glaube der Eltern spiegelt sich im religiösen Verhalten der Nachkommen wider. Erst durch sie, erkennen wir das Urbild und umgekehrt. Das Urbild steht hier der Sündenfall Adams als gescheiterte Vertrauensprobe. Es folgt Kains Verstoß gegen das Gebot zur Sünde, woraus der Brudermord erwächst. Die Szene mit Abraham und Isaac auf dem Berg Morija verdichtet dieses Verhältnis zum psychologischen Drama. In Jakobs Verhältnis zu Isaac, und dann später zu seinem Onkel Laban, der die Rolle des Vaters unter anderen Vorzeichen einnimmt, löst sich dieses Drama endlich positiv auf. Jakob emanzipiert sich und heilt die Wunde des Vertrauensbruchs durch die die Wiederherstellung des Glaubens und die Etablierung eines lebendigen Liebesverhältnisses.

Aber gehen wir zunächst einen Schritt zurück und betrachten die Figuren „Empfängnis und Geburt" Jakobs und Esaus als Wiederholung der Figuren von „Empfängnis und Geburt" von Isaac und Ismael.

Die Freuden unverhoffter Schwangerschaft

Die scheinbar unfruchtbare Rebekka empfängt wie die ihr gleichende Schwiegermutter Sara erst im hohen Alter. Im Gegensatz zu jener wird sie die Mutter von Zwillingen werden, was wiederum ganz schlüssig ist, ist doch auch Abraham Vater von zwei Söhnen. Ismael und Isaac sind zwar keine biologischen, wohl aber Zwillinge innerhalb der Verheißung und dementsprechend Stammväter zweier Völker. Desgleichen vollzieht sich nun mit Jakob und Esau.

Die Mutter Ismaels, Hagar, ist eine Fremde, eine Sklavin, die einen Fremdling zur Welt bringt. Hagar wird durch Saras Unglauben erst in die Mutterrolle gebracht. Sie gebiert als Heidin einen Sohn, der außerhalb der Religion seines Vaters steht. Gott kompensiert stets die Mehrung seiner Auserwählten durch die Mehrung ihrer Feinde – jener also, die außerhalb und entgegen seiner unmittelbaren Gunst existieren. So erhält er ein delikates Gleichgewicht von Helden und Monstern, Heiden und Gläubigen, Guten und Schlechten etc., aufrecht, dessen Störung immer zur Katastrophe führt.

Das Gleiche, also die Mehrung der Lieblinge bei gleichzeitiger Kompensation, geschieht nun bei Rebekka: Schon äußerlich unterscheidet sich Esau von seinem Bruder. Er ist rötlich und behaart. Sein tierhaft-naiver Charakter wird schon durch sein Äußeres vorweggenommen. Esau ist einfach gestrickt, dafür aber kräftig und widerständig. Jakob dagegen ist von feinem Verstand und guter Sitte, jemand, der Gewalt verabscheut und rohe Brutalität fürchtet.

Esau heiratet Töchter von Fremdvölkern, was seinen Eltern Sorge bereitet (Gen 26,34-35), Jakob dagegen wird seine Kusinen ehelichen. Später versucht Esau seine Partnerwahl zu korrigieren (Gen 28,6-9), nur um den Fehler noch zu vergrößern. Er wird der Stammvater von Edom (Gen 36,1-2) eines Volkes von schlechtem Ruf. Hier schließt sich der Kreis. Die Kinder, deren Nachkommen sich später auch auf dem Schlachtfeld messen werden, streiten bereits im Bauch der Mutter, die darunter leiden muss. (Gen 25,22) Gott konstituiert die vorgenommene Trennung in Gen 25,23: Zwei Nachkommen, zwei Völker, der ältere muss dem jüngeren dienen.

Der Fersenhalter

Esau, der Rötliche, der Behaarte, das Tier, erblickt als erster das Licht der Welt. Diese Erstgeburt wird sich als Fluch erweisen. Über den gesamten Tanach hinweg sehen wir immer wieder, wie Gott diese biologische und de facto auch rechtliche Privilegierung über den Haufen wirft, indem er mit die zweiten, die späten oder auch die letzten über ihre Brüder erhöht. Man denke nur an Josef, David oder auch Salomon, den Sohn der Beerscheba, dessen älterer Bruder stirbt. Die Ersten, die nur aufgrund ihrer Geburt, also ohne eigenes Zutun, ohne eigenen Verdienst aus der Menge ihrer Geschwister ragen, mag Gott scheinbar nicht besonders. Adams erster Sohn, Abel – hätte Gott ihn nicht retten können? Und was ist mit Ismael, dem ersten Sohn Abrahams? Nein, Gott lässt sich nicht von der Erstgeburt beeindrucken. Vielmehr prüft er genau, wem er sich liebend zuwendet; unsere selbstgemachten Kategorien und Vorurteile binden den souveränen Weltenschöpfer in seinem Entscheid nicht. Vielleicht hat er insgeheim sogar Spaß daran, sie beständig umzustürzen, um seine Dominanz uns gegenüber sanft, doch unübersehbar herauszustellen. Er lehrt uns Demut, indem er uns demütigt. Reichtum, Erstgeburt, Ehren und Titel bedeuten dem Schöpfer nichts, innere und äußere Schönheit dagegen, Wagemut, Kühnheit, Gerissenheit, Leidenschaft etc., Dinge also, die uns Menschen unstet erscheinen, die uns erschrecken und argwöhnen lassen, imponieren Gott, der selbst Träger dieser Eigenschaften ist und sich so in ihnen wiedererkennt.

Dass Jakob ein besonderes Exemplar der Gattung der Sterblichen ist, erweist sich bereits bei der Geburt. Wer an einer Geburt teilgenommen hat, mag ermessen können, was es für das winzige und zerbrechliche Kindlein bedeuten muss, die enge Pforte des Lebens zu durchschreiten. Dieses Erlebnis ist prägsam und von existentieller Relevanz – dies freilich mehr für die Außenstehenden und die Mutter als für den Geborenen selbst, der keine Erinnerung an das Ereignis seines

Eintritts in die Welt besitzt. Auf der anderen Seite prägt das Umfeld ein Stück weit auch den Charakter und seine Entwicklung: die Umstände der Geburt können also zum sehr realen Faktor der eigenen Reifung werden, insofern sie die Mitmenschen zu einem Vorurteil anregen, welches dann deren Verhalten dem Kind gegenüber bestimmt.

Man mag sich nun die Szene der Geburt Jakobs im Kontext ihrer Zeit vorstellen. Die Gebärende ist nicht mehr die jüngste – man darf das nicht unterschätzen. Die erste Schwangerschaft ist schon für eine junge und gesunde Frau nicht einfach. Wie sehr muss es die Kräfte Rebekkas erschöpft haben, im fortgeschrittenen Alter „streitende" Zwillinge auszutragen. Wir haben ihr Wehklagen nicht vergessen (Gen 25,22): „Wenn mir's so gehen soll, warum bin ich schwanger geworden?" In jenen Wochen der Erwartung mag ihr die späte Segnung ihres Leibes bitter geschmeckt haben. Nun aber ist es soweit. In einem Zelt in der Fremde, umringt von ein paar Mägden wird Esau geboren. Draußen blöken die Ziegen, die Männer flüstern am Lagerfeuer, während Rebekkas Stöhnen und Ächzen die Szene überlagert. Was mag Isaac, der Vater, in jenen bangen Stunden gedacht haben? Ob er an Sara, seine Mutter dachte? Oder an Abraham? Ob er sich erinnerte, wie er auf dem Altar lag, das Messer über seiner Brust? Auch Rebekka liegt auf einem Altar. Auch über ihr schwebt der Tod. Isaac weiß, was es bedeutet, ein Opfer zu sein und gerade in diesem Moment opfert sich Rebekka, sie opfert sich für ihn, vor allem aber opfert sie sich für den Ewigen, der seine Macht an ihr erweisen will.

Esaus roter Leib und seine starke Behaarung werden zweifellos von den umstehenden Frauen hämisch oder besorgt oder auch belustigt kommentiert worden sein.

„Schau Dir den nur an. Ein Roter! Haarig wie ein echter Mann! Esau, Esau!"

Doch nun geschieht das eigentliche Wunder, das den Charakter und das Schicksal Jakobs vorwegnimmt und ihm so gleichsam ein nicht mehr auszulöschendes Prägemal aufdrückt. An die Fersen des Ersten klammert sich der zweite und schlüpft gewissermaßen durch die

Presche, die sein großer Bruder ihm unter Schwierigkeiten und Gefahren gebahnt hat. Jetzt lachen die Mägde gewiss! So ein Schelm, so ein Gauner! Der eine schafft und plagt sich, er andere aber hat den Nutzen. Es sind liebevolle Tadel, die kichernde Münder sprechen – die Geburt ist vorüber, die Kinder und die betagte Mutter sind wohlauf. Wann, wenn nicht jetzt, nachdem die Anspannung von allen gefallen ist, darf man scherzen? „Jakob" rufen sie aus, d.h. Fersenhalter, Schwarzfahrer, Gauner. Und auch Gott lacht, als er es sieht: „Das hätte auch mir einfallen können," mag er gedacht haben! Und sein prüfender Blick legt sich liebevoll und aufmerksam auf diesen Betrüger, diesen Jakob, und er wird sein Leben lang nicht mehr von ihm weichen.

Zwei ungleiche Brüder

Im Verhältnis der ungleichen Brüder, Jakob und Esau, wiederholt sich der archaische Grundkonflikt von Kain und Abel auf einer anderen Verständnisebene. Erneut dient die Wiederholung zur Belehrung und Vertiefung einer bereits vorgestellten Figur. Nur einzelne Motive sind vertauscht, die Protagonisten tragen andere Namen – der Konflikt jedoch ist und bleibt der gleiche. Die Söhne eifern um die Liebe des Vaters. Isaac nimmt in dieser Figur die Rolle Gottes ein, ein ehrwürdiger, doch irgend unnahbarer Greis. Die Begünstigung, die er seinem geliebten Kind geben wird, liegt in der rechtlichen Figur des erstgeburtlichen Segens vor. Erstgeburt und Segen sind Voraussetzung für die Erbschaft und spätere Herrschaft über das Vermögen des Hauses. Was für Jakob die Herden des Vaters sind, ist bei Kain die Welt, für das Volk Israel das verheißene Land, für die Gläubigen das kommende Reich etc. Der Ausdruck der Liebe als Bestätigung und Inkraftsetzung eines rechtlichen Verhältnisses findet sich in der faktisch-rituellen Segenshandlung wieder.

Aber gehen wir nun die Figur.

Esau ist Jäger und Hirte, Steppe und Weide sind seine

Welt (Gen 25,27). Wir stellen ihn uns als wilden Gesellen vor, rüpelhaft und grob, mit seinem ganzen Wünschen und Trachten an das Hier und Jetzt verloren. Sein Äußeres spiegelt diese Innerlichkeit vollendet wider: Rot, haarig, kräftig – mehr Tier als Mensch. Esaus Existenz vollzieht und erschöpft sich in der Sphäre des Leiblichen – das Geistige ist ihm zutiefst suspekt. Wenn er hungrig ist, will er essen, wenn er Lust hat, will er bei einer seiner Frauen liegen. Ansonsten ist er glücklich, alleine durch die Wildnis zu streifen oder mit den Knechten seines Vaters zu trinken und zu singen. Scheinbar bevorzugt Isaac seinen Erstgeborenen. Er hat ihn lieb, heißt es (Gen 25,28). Doch ist diese Liebe keineswegs bedingungslos. Man sieht sofort warum (Gen 25,27): „[Er, Isaac,] aß gern von seinem Wildbret." Dieser Esau wird geschätzt, weil er ein brauchbarer Arbeiter ist, jemand, mit dem man etwas *in* dieser Welt erreichen kann. Die Leckerbissen, die er von seinen Ausflügen heimbringt, stehen nicht nur sinnbildlich, sondern ganz konkret für die Bedingtheit von Isaacs Liebe: Er *liebt* Esau wie einen schnellen Jagdhund, nicht aber wie einen Sohn – seine Liebe gründet nicht im Herzen, sondern im Verstand. Es ist eine berechnete und berechnende Zuneigung.

Rebekka dagegen liebt Jakob als den, der er wirklich ist (Gen 25,28). Als Frau folgt sie der Eingebung ihres Herzens und dieses Herz kann gar nicht anders, als für Jakob zu schlagen. Wider allen Verdienstes und gegen jede Vernunft, doch unfehlbar und wahrhaftig brennt in ihr eine echte und reine und unsterbliche Liebe, eine Mutterliebe.

Esau wird aufgrund seiner Nützlichkeit geschätzt, Jakob aber liebt man um seiner selbst willen.

Jakob wird als gesitteter Mann beschrieben, der gerne bei den Zelten bleibt (Gen 25,27). Während die Männer also dem Land und den Tieren das tägliche Fleisch und Brot mit Mühe und im Schweiße ihres Angesichts abringen, hält sich Jakob bei den Frauen und Kindern und Alten auf. Er liebt sie nicht, die Arbeit und die Härten, die sie mit sich bringt. Lieber schwatzt er mit den Weibern, spielt mit den Kindern und lauscht den Erzählungen der Greise, die gewiss nicht selten den einen oder anderen versteckten Tadel gegen seinen Lebenswandel enthalten haben mögen. Doch Jakob mit seinen großen Augen und feinem Lächeln überhört die Mahnung höflich. Als Sohn Isaacs lässt man ihn indes gewähren. Ja, Isaac selbst scheint sich nicht weiter an Jakobs Verhalten zu stören. Die offensichtliche Duldung des offensichtlichen Fehlverhaltens seines Sohnes zeigt, wie sehr der Vater in Wahrheit den Spitzbuben liebt, ohne diese insgeheime Zuneigung freilich offen zeigen zu können. Wie Gott über seinen Geliebten, so lächelt Isaac im Schatten seines Zeltes über den Jakob, diesen kleinen Gauner, der sich vor der Arbeit drückt und den man trotz und gerade wegen seiner Makel liebhaben muss.

Um einen Teller Linsen – das missglückte Debüt eines Gauners

Gewiss sind es Rebekkas Worte und Mahnungen – später wird sie auch den Streich mit dem Erstgeburtssegen orchestrieren – die Jakob für die Aussichten und Gefahren seiner Zukunft hellhörig machen. Er ist der Zweitgeborene und wird einmal, eines gar nicht so fernen Tages, seinem Bruder unterstellt werden. Das sorgenfreie Leben inmitten der Zelte wird keine Fortsetzung finden. Zwar hasst Esau den Jakob nicht, aber er steht ihm auch nicht besonders nahe – zu verschieden sind die beiden Brüder. Die stillschweigende Weiterduldung seines Müßiggangs wird Esau aber keineswegs erlauben können. Dies nicht, weil er es ihm etwa missgönnen würde. Aber die anderen Männer des Stammes blicken voll giftigen Neids auf Jakob. Noch halten sie sich zurück, weil Isaac, ihr Herr, Jakobs Verhalten billigt. Doch gewiss flüstern sie miteinander und die eine oder andere Bemerkung mag auch schon dem Esau zu Ohren gekommen sein. Sie hassen Jakob, weil er anders, besser ist als sie. Tritt der einfach gestrickte Esau die Nachfolge des Vaters an, wird nichts mehr seinen Bruder vor Verleumdung und offener

Anfeindung schützen können.

Maßnahmen müssen ergriffen werden, um Jakob vor dieser für ihn so unpassenden Zukunft zu bewahren; und der einzige Schutz, der innerhalb des Stammeshierarchie wirksam werden kann, ist der Erstgeburtssegen. Damit er nicht unter die Stiefel seiner Mitmenschen gerät, muss er über sie alle erhöht werden – allein diese exponierte Stellung innerhalb der Sippe garantiert sein Überleben.

Rebekka ist eine überaus kluge und weitsichtige Frau. Sie kennt die Stimmung im Stamm, weiß um die gefährliche Eifersucht der Männer. Das Auge der Frau blickt bis auf den tiefsten Grund der Seelen – Menschenkenntnis ist eine Eigenschaft, die in der Familie liegt. Rebekka fürchtet sich vor dem, was sie sieht. Sie fürchtet um Jakob. Planen diese Grobiane, die ihren Schwestern mutwillig die Röcken heben und mit Esau saufen und zechen, bereits den Fall ihres Lieblings? Flüstern sie Esau vielleicht schon ein, er solle ja hart gegen den Fersenhalter sein! Wie könnten sie auch je den schönen, gerissenen Gauner bei ihren Frauen dulden, wenn sie tage- und wochenlang mit den Herden die fruchtbaren Weidegründe aufsuchen? Seinen eigenen Bruder hat er betrogen – was hindert ihn, sie, die ihm geistig unterlegen sind, zu betrügen?

Rebekka steht zweifellos *nicht* hinter der Geschichte mit dem Linsengericht – dem Debüt des Fersenhalters. Dafür ist der Streich schlicht zu plump ausgeführt. Außerdem zieht er keinerlei Konsequenzen nach sich. Wohl aber hat sie dem Sohn den Wert der Erstgeburt und die Notwendigkeit, in dieser Angelegenheit tätig zu werden, bereits mehr als deutlich gemacht. Sie hat ihn motiviert, nicht aber angestiftet.

Auf eigene Faust versucht der schlaue Jakob nun das Problem zu lösen. Er kennt Esau, weiß um dessen Angewohnheiten und Schwächen. Eines Tages also bereitet er ein schmackhaftes Essen zu. Es ist kein Zufall, dass Jakob gerade dort kocht, wo sein Bruder nach einem harten Arbeitstag entlanggehen wird. Der Duft der deftigen Speise und des frischen Brotes steigt dem hungrigen Esau verführerisch in die Nase, bevor er die Zelte erreicht.

„Lass mich essen das rote Gericht; denn ich bin müde," brummt Esau (Gen 25,30). Jakob ist nicht abgeneigt. Vielleicht rührte er sogar noch einmal die dampfende Speise um, um den Bruder zu reizen, bevor er entgegnet (Gen 25,31): „Verkaufe mir heute deine Erstgeburt."

Ach, was kümmert den Hungernden die Erstgeburt, was schert sich Esau um ein abstraktes Recht, das seine Wirkung ohnehin erst in der Zukunft entfalten wird? Das Recht! Die Zukunft! Am Ende steht doch ohnehin der Tod (Gen 25,32), meint Esau in philosophischer Anwandlung. Dabei sind seine Sinne keineswegs philosophisch gestimmt. Was ihm alleine zählt, ist das Jetzt und das Hier. Jede Bestimmung, die über die unmittelbare Befriedigung seiner körperlichen Bedürfnisse hinausgeht, ist ihm Torheit. Er stimmt also dem Geschäft ohne viel Überlegen zu: Die Erstgeburt gegen einen Teller Linsen und etwas Brot. Warum auch nicht? Für beide ein gutes Geschäft, scheint es. In Wahrheit zieht jedoch – überraschenderweise – der gerissene Jakob den Kürzeren. Warum? Rebekka, der er gewiss gleich seinen Triumph mitgeteilt haben wird, mag ihren Liebling lächelnd aufgeklärt haben. Zunächst ist die Erstgeburt als biologisches Faktum etwas, das nicht verhandelt werden kann. Man wird nicht Erstgeborener, man ist es. Mit dem Segen als rechtliche Einsetzung in das Erbe sieht es dagegen anders aus. Den kann theoretisch jeder erhalten. Des Weiteren gibt es für das Geschäft weder Zeugen, noch eine schriftliche Abmachung. Selbst wenn es also gültig wäre, wäre es doch unmöglich, es auch einzufordern. Jakob hat sich umsonst die Mühe gemacht. Er hat sich praktisch selbst über den Tisch gezogen – es wird übrigens nicht das letzte mal sein, dass seine eigene Klugheit ihm zur Falle wird.

Die Einsamkeit des Weisen

Jakob verzagt nicht am eigenen Scheitern. Eine hohe psychische Belastbarkeit und die Fertigkeit, Rückschläge nicht allzu schwer zu nehmen, zählen zum Bündel seiner herausragenden Eigenschaften. Gewiss ärgert er sich zuerst über die Dummheit. Doch bald lacht er darüber. Weder verlässt ihn der Mut, in dieser Sache tätig zu bleiben, noch das Interesse am Gegenstand seines Begehrens: Das Erstgeburtsrecht. Das Gegenteil ist der Fall: Gerade die Niederlage stachelt ihn an. Jakob ist in seinem Wollen beharrlich; er verbeißt sich in die Objekte seiner Sehnsucht, seien sie fleischlich wie Rahel oder geistig wie Gott.

Jakob lernt aus seinem Fehler. Er, der so viel auf seine Schlauheit hält, ist sich selbst in die Falle gegangen – dies soll nicht noch einmal geschehen. Also vertieft er sich in die Beseitigung der Ursachen seines *Irrens* und *entwickelt* in den kommenden Jahren jene *Talente,* die sein Lebensglück ausmachen werden. Die hier sich zeigende Entwicklung hat dabei ein durchaus regressives Moment. Jakobs Problem besteht in erster Linie nicht in einem Mangel, sondern einem Zuviel an Klugheit und Witz. Er ist zu gerissen für seine Zeitgenossen. Er operiert mit Begrifflichkeiten, die eine hoch zivilisierte Gesellschaft voraussetzen. Im arachaischen Kontext eines nomadisierenden Stammes aber greifen die gesitteten Spitzfindigkeiten, auf die Jakob so viel hält, schlichtweg nicht. Sie werden nicht verstanden. Esau dürfte nur sehr vage bewusst gewesen sein, *was* er um einen Teller Linsen verkauft hat – die rechtliche Figur der Erstgeburt spielt nur im Zusammenhang mit der väterlichen Segenshandlung eine Rolle. Wäre es zu einem öffentlichen Prozess – wir stellen uns hierunter die Zusammenkunft einiger alter Männer der Sippe vor –, in welchem Jakob das Erbe mit Hinweis auf das Geschäft mit dem Bruder für sich beansprucht haben würde, gekommen, hätten weder die Richter, noch das Publikum die subtile Spitzfindigkeit überhaupt begriffen, um die es hier geht.

Sie würden ihre Häupter zu Isaac gewendet haben, ihn fragend: „Wen segnest *du*?" Oder, falls Isaac schon gestorben wäre, würden sie bestenfalls ermittelt haben, wer denn Rebekkas Erstgeborener wäre: Esau natürlich. Dass an diesem biologischen Faktum ein paar Sätze und eine warme Mahlzeit etwas ändern könnten, passt ganz einfach nicht in die gedankliche Wirklichkeit der Menschen jener Zeit – es gibt für sie keinen Sinn.

Jakob muss also lernen, seine Weisheit dem Unverstand seines Umfeldes anzupassen. Er muss lernen mit *ihrer* Sprache zu kommunizieren und sich *ihren* hermeneutischen Modellen anzupassen.

Der nun einsetzende Entwicklungsprozess muss eine oder mehrere Phasen tiefer Melancholie und Niedergeschlagenheit mit sich gebracht haben. Immer trägt der Weise den Mantel der Einsamkeit um die Schultern. Jakob fühlt sich sehr alleine. Er passt nicht in dieses primitive Umfeld. Er strebt nach Größerem, nach...Höherem. Er sehnt sich nach Lehrern, nach Wissen. Doch umgeben ihn nur einfache Hirten und der Stumpfsinn einer Sippe, deren ganze Energie sich in der Bewältigung alltäglicher Hemmnisse verbraucht. In der Nacht betrachtet er den klaren Sternenhimmel und fühlt schmerzlich die Sehnsucht nach Weite. Die engen Banden seines Alltags umschnüren sein Seele. Jene bitter-süße Melancholie ist es gewiss, die Jakob Gott erstmals ganz nahe bringt. Wem sonst soll er sein Herz ausgeschüttet haben, wenn nicht ihm, dem Größten, dem Höchsten, dem Allwissenden? Sie ähneln einander, der eine im Himmel und der andere auf der Erde. Auch er, der Schöpfer, der Ewige, wird von seinen Kreaturen nicht verstanden. Auch er ist einsam dort oben. Die Menschen kennen ihn nicht, sie fürchten ihn, ja, aber sie lieben ihn nicht. Auch er leidet gleich Jakob an jener Einsamkeit, jener Fremdheit. Und Jakobs Lippen öffnen sich und er beginnt in jenen Tagen flüsternd und sehr vertraulich mit Gott zu sprechen – zwei verwandte Seelen, die ineinander gefunden haben, was ihnen die Welt nicht geben konnte: Verständnis und Gemeinschaft.

Hungersnot – Jakob lernt

Wie eine Befreiung aus großer Not muss die einsetzende Hungernot auf Jakob gewirkt haben. Eine erwünschte Veränderung des allzu eng empfundenen Umfeldes kündigt sich an, von er er profitieren wird, ja, die für seine Entwicklung geradezu unabdingbar ist. Die Weite, die Jakob ersehnt hat, sie rückt plötzlich in die Nähe, wird greifbar, fassbar. Dass diese scheinbare Weite in Wahrheit eine Falle, ein Gefängnis und eine Täuschung ist, wird Jakob erst später lernen. Die schöne neue Welt ist mehr als alles andere ein goldener Käfig.

Wie schon sein Vater Abraham muss nun auch Isaac die Zelte abbrechen. Er zieht, wie der Vater vor ihm, zu König Abimelech, dem Herrn der Stadt Gerar. An dieser Stelle wollen wir nicht weiter auf die wundervolle Wiederholung der Ereignisse eingehen, die dort stattfindet. Wie dem Vater, so ergeht es dem Sohn.

Die hochentwickelte Stadtkultur Kanaans muss auf Jakob, der bis dato nur das Land und die nomadisch-primitve Lebensweise kannte, wie eine schreckliche und zugleich faszinierende Offenbarung gewirkt haben: Das Geschöpf, der Mensch, hat sich hier selbst zum Gott aufgeworfen, indem er die Stadt als artifizielles Habitat, als zweiten Garten Eden gewissermaßen, der wilden und unberechenbaren Natur wie ein Bollwerk entgegengestellt. Diese Dialekt von Stadt und Land, von sesshaften Kulturmenschen und nomadisierenden Hirten prägt den gesamten Tanach und dauert in Teilen bis in die Gegenwart an. Auch wir unterscheiden noch Stadt und Land, auch wenn die Unterschiede heute nur noch marginal sind. Der Gott Israels hat in dieser Frage eindeutige Präferenzen. Er ist ein wandernder Gott. Sein erstes und liebstes Heiligtum ist das Zelt. Später errichtet ihm Salomon ein Haus aus Stein in seiner Stadt Jerusalem. Wenn man die lange Reihe der nachfolgenden Katastrophen bis hin zur Exilierung des Volkes im Kontext göttlicher Intervention deuten möchte, scheint Gott das Stadtleben, das Königtum und seinen festen, prunkvollen Tempel nebst Priesterschaft nicht gerade zu lieben. Es wundert auch gar nicht, stellen doch gerade diese drei zivilisatorischen Aspekte Versuche des Menschen dar, die göttliche Schöpfungstat zu wiederholen und dabei der Bezogenheit auf die natürliche Schöpfung selbst zu entkommen: Man will Gott werden, um ihm aus dem Weg gehen zu können. Das Resultat ist anmaßend, lächerlich, unvollkommen, ein groteskes Spiegelbild, das beschämt und entsetzt. Die Stadt soll den Garten Eden ersetzen: Eine künstliche Welt, in der der Mensch alleine Herr und in der alles seinen Bedürfnissen entsprechend gestaltet ist. Dabei ist gerade die Stadt die Brutstädte der Sünde und des Bösen. Man denke nur an Sodom, Gomorrha, Babel, Ninive etc. Das Königtum ersetzt den behütenden und leitenden Gott durch einen mit weltlicher Macht ausgestatteten Menschen. Das säkulare Recht gründet sich zunächst noch auf das göttliche, bis es endlich entartet und selbstreferenziell wird. Der Tempel soll die wilde und unverfügbare Gottheit in einem steinernen Gefängnis bannen, wo man sie mit Opfern ruhig stellt, bis man die intellektuellen Waffen gefunden hat, sie zu töten. All diese Dinge muss man im Hinterkopf behalten, wenn man Jakobs Leben verstehen will.

Gehen wir zurück. Jakob betritt das erste Mal eine Stadt. Wie berauschend, wie wunderbar wirkt das Gewimmel der Menschen auf den jungen Mann. Wie viele Ideen, wie viel Klugheit lebt im Schatten der irdenen Mauern. Wie viel Fremdes und Neues gibt es zu entdecken! „Hier", so muss er denken, „bin ich richtig. Hier ist auch meine Weisheit am Platze, denn hier alleine kann ich sie entwickeln und sie wirksam benutzen." Wie lange Isaac bei Abimelech bleibt, erfahren wir nicht. Gewiss vergehen einige Tage oder Wochen, bis man sich über alles einig geworden und für Isaacs Sippe eine neue Heimstatt im Lande des Königs gefunden ist. Diese Tage aber müssen Jakob in extremer Weise geprägt haben. Neben dem zu erwartendem intellektuellen Einschlag wird vor allem die Fremdartigkeit der Stadtbewohner Spuren im feinen Gemüt Jakobs hinterlassen. Er begreift, dass die

Menschheit mehr ist, als sein Stamm und dessen Sitten; er lernt, dass es noch andere Arten der Lebensführung, andere Sitten und, ja, auch andere Götter gibt.

Ein Kosmopolit wird Jakob unter dem Druck dieser Erfahrungen aber nicht – das Gegenteil. Das massive und unverstellte Erleben des Fremden führt zu etwas, das dem modernen, an Relativismus gewöhnten Leser verstören mag. Anstatt sich des Fremden zu erfreuen und es als Ergänzung zum Eigenen willig anzunehmen, entwickelt Jakob einen regelrechten Hass dagegen. Scharf beginnt er das Seine vom Fremden zu scheiden. Die Konflikte, die ständigen Zänkereien um die kostbaren Brunnen in dem dürren Land, die sein Vater Isaac mit den ansässigen Kanaanitern ausfechten muss (Gen 26,12-33), vertieft und bestätigt Jakobs Argwohn gegen alles, was nicht zu seinem Haus gehört. Man kann durchaus behaupten, dass der junge Mann unter dem Eindruck dieser Ereignisse ein regelrechter Fremdenfeind wird. Nicht, dass er aggressiv gegen die nicht zu ihm Gehörigen vorginge – das gewiss nicht. Doch hält er seinen Abstand und betont in allen Beziehungen immer das Trennende und Scheidende.

Hier zeigt sich wieder eine wesensmäßige Ähnlichkeit zum Schöpfe. Gott ist heilig. Heiligkeit aber gründet immer in der Geschiedenheit vom Profanen, Gewöhnlichen. Alles, was Gott zugehörig ist – die Gesetze zu Opfer und Kult belegen es – muss dem alltäglichen Zugriff radikal und endgültig entzogen worden sein und bleiben. In der Beziehung zwischen Mensch und Schöpfer ist das Trennende die eigentlich synthetisierende Konstante, die nur partiell und temporär von Gott als dem aktiven Part dieser Beziehung durchbrochen wird.

Der gestohlene Segen

Eine frühe Episode, die exemplarisch für den jungen Jakob steht, ist die Geschichte um den erschlichenen Segen. Diese Anekdote erleuchtet nicht nur sein Wesen, nein, sie zeigt deutlich und ganz unverstellt wie seine

Mitmenschen ihn wahrnehmen und seine Handlungen beeinflussen. Denn sowohl sein Vater Isaac als auch seine Mutter erkennen viel früher als er selbst, das er zu Großem, ja Größtem bestimmt ist, dass sein Weg dorthin aber steinig und von etlichen Rückschlägen begleitet sein wird. In stillschweigendem Einverständnis und mit unsichtbar wirkenden Händen helfen sie dem Sohn, die ersten Schritte auf diesem Weg zu gehen.

Die Bedeutung der Episode wird schon durch ihre Länge sichtbar. Ein volles Kapitel – Nummer 27 – beschäftigt sich mit Ereignissen, die kaum mehr als zwei oder drei Stunden in Anspruch genommen haben dürften. Während sonst die Ereignisse von Jahren und Jahrzehnten in wenigen Versen verdichtet vorliegen, verlangsamt die Tora immer dort ihr Erzähltempo, wo etwas Entscheidendes geschieht, etwas, das alles Folgende maßgebend beeinflussen wird.

Aber steigen wir in die Handlung ein.

Isaac ist alt und blind. Der Tag seines Todes liegt nicht mehr fern. Wie jeder besorgte Vater sinnt auch er darauf, seine Nachfolge zu regeln. Esau, der Erstgeborene, soll den väterlichen Segen und damit die rechtliche Einsetzung über das Erbe und die Herrschaft über seinen Bruder erhalten – ganz so, wie es Sitte und Brauch vorsehen. Die Ankündigung, die er formell gegenüber Esau macht, bleibt Rebekka natürlich nicht verborgen. Ob Isaac und seine Frau in dem nun sich entspinnenden, durchaus humoristischen Kammerspiel, einem insgeheim gefassten Plan folgen oder ob sie sich wortlos miteinander verständigt haben, erfahren wir nicht. Dass es aber nicht ganz mit rechten Dingen zugeht, ist unbestreitbar – zu perfekt greifen die einzelnen Rädchen ineinander, um von purem Zufall angeordnet worden zu sein.

Um sich seinen Segen zu verdienen, soll Esau auf die Jagd gehen und Isaac sein Lieblingsgericht – ein Wildbret – zubereiten. Esau nimmt Bogen und Köcher und macht sich bester Dinge auf den Weg, dem väterlichen Wunsch zu entsprechen. Man darf an dieser Stelle nicht übersehen, dass der Text in Isaacs Worten explizit von Köcher und

Bogen, also von Jagdausrüstung spricht – Jakob erscheint aber wenig später im kostbaren Festgewand, also gewissermaßen im Sonntagsanzug, vor seinem Vater!

Nachdem Esau verschwunden ist, nimmt sich Rebekka ihren Lieblingssohn beiseite und bedeutet ihm, er solle an des Bruders Stelle den väterlichen Segen erhalten. Sie veranlasst ihn von der Herde zwei Böcklein zu holen, die sie dann zubereiten werde und die Jakob in Verkleidung dem Vater bringen solle. Jakob wird von diesem heimtückischen Vorschlag überrascht. Auch scheint er nicht davon auszugehen, dass Vater und Mutter in stillschweigender Übereinkunft handeln, denn er gibt zu bedecken, der Vater könne durch Berührung seiner glatten Haut feststellen, wer er sein; Esaus Arme sind ja stark behaart. Brüsk wischt die Mutter jeglichen Vorbehalt hinweg und schickt Jakob, die gewünschten Böcklein zu beschaffen. Dann bereitet sie das Mahl, bäckt Brot dazu, gibt Jakob das Gewand seines Bruders und legt Fellstücke um dessen Arme und Beine.

So gerüstet betritt Jakob das Zelt seines Vaters. Natürlich erkennt der Blinde den Sohn an dessen Stimme. Ein gewollter Lapsus unterläuft Isaac, der uns zeigt, dass die ganze Angelegenheit in Wahrheit abgesprochen ist. Isaac erwidert auf den Gruß des Eintretenden hin (Gen 27,18): „Hier bin ich. Wer bist du, mein Sohn?" Freilich kann mit der Bezeichnung „mein Sohn" theoretisch jeder beliebige männliche Stammesangehörige gemeint sein. Doch dass sich Isaac gerade in dieser prekären Situation jener Anrede bedient, ist bemerkenswert. Vermutlich will der Greis Jakob ein wenig ins Schwitzen bringen, vermutlich lächelt er unter seinem ehrwürdigen weißen Bart wie er lächelte als er den schönen, klugen Sohn, den gesitteten Mann, Tag für Tag bei den Zelten beobachtete.

Isaac steigert die Nervosität des Sohns noch weiter. Er fragt, wie es ihm denn gelungen sei, so schnell ein geeignetes Wild aufzuspüren. Jakob behält einen kühlen Kopf und erwidert gewiss nicht ohne ironischen Unterton (Gen 27,20): „Der Herr, dein Gott, bescherte mir's."

Isaac betastet nun den Sohn. Er spielt das Spiel seiner

Frau mit. Sie alle, Eltern und Kind, wandeln auf dem schmalen Pfad zwischen Lüge und Wahrhaftigkeit, dem Weg aller Menschen. Sie wissen um die Wandelbarkeit menschlicher Realität und um den hohen Anspruch, den auch der Betrug mit sich bringen kann. Isaac prüft den Sohn, prüft, ob er stark genug für die Lüge *und* die Wahrheit ist. Am Ende macht er implizit deutlich, dass alles, was nun geschehen wird, nicht ohne seine Billigung stattfindet. Er löst die Spannung auf, indem er Jakob bedeutet, er wisse um seine Identität (Gen 27,22): „Die Stimme ist Jakobs Stimme, aber die Hände sind Esaus Hände."
Isaac nimmt das Opfer des Sohnes, die Bedingung für den Segen, an. Er beginnt, zu essen. Dass ihm nicht Wild vorgesetzt wurde, sondern Ziegenfleisch, ein alltägliches Mahl, wird er freilich geschmeckt haben. Ebenso wird ihm nicht entgangen sein, dass der wilde Esau gewiss kein frisches Brot als Beilage gebacken haben würde. Das Brot wie die Speise stammen aus Rebekkas Händen – der Geschmack des Mahls und die Orchestrierung dieser kleinen Szene wird dem Ehemann geläufig gewesen sein; es verdirbt ihm indes nicht den Appetit.

Der rasende Esau

Ein Mann wie Esau, ein sorgenloser Mensch, der in den Tag hinein lebt und nur auf die Befriedung seiner unmittelbaren Bedürfnisse konzentriert ist, hat gewöhnlich ein dickes Fell. Beleidigungen, Schmach und selbst mutwillige Übervorteilung scheren ihn nicht, solange sein Magen nur voll ist. Diese gutmütigen Ochsen halten viel aus, aber wenn einmal die Schmerzgrenze überschritten ist, dann schlägt ihr träger Gleichmut rasch in rasenden und unkontrollierbaren Zorn um. So muss es auch mit Esau gegangen sein, als er vom Vater erfährt, sein Bruder habe ihm den Erbteil unter der Nase weg gestohlen. Ausrufend benutzt er den Namen des Bruder diesmal als die Beschimpfung, die er eigentlich bedeutet (Gen 27,36): „Er wird mit Recht Jakob (also: Betrüger) genannt."

Danach verlegt er sich aufs Bitten und Betteln. Ob der Vater nicht den Segensspruch zurücknehmen oder ihm wenigstens einen anderen, einen zweiten Segen geben könne. Doch der Vater schlägt die Bitten des Sohnes sehr grob ab. Nur eine einzige Sache stellt er ihm in Aussicht: Einmal, so prophezeit er, wird er das Joch des Bruders abschütteln, d.h. Herr eines eigenes Hauses werden. Aber was sollen diese Worte überhaupt noch? Die Zukunft, die Zukunft – was kümmert sie Esau!

Nur das Hier und Jetzt zählen. Und hier und jetzt ist Esau wütend, über alle Maßen wütend. Er sinnt auf Rache.

Seinen Freunden wird er bald enthüllt haben, was er auf dem Grund seines gebrochenen Herzens und seiner gedemütigten Seele schnell und gedankenlos beschließt: Sobald die schützende Hand des Vaters verdorrt ist, soll der Bruder sterben. Die kluge Rebekka erfährt freilich auch davon und auch Isaac kann eins und eins zusammenzählen. Sicherlich versucht die Mutter ihre Kinder zu versöhnen. Dies nicht direkt im Gespräch von Angesicht zu Angesicht, sondern über Umwege. Denn nach dem Vorfall werden die beiden ohnehin kaum ein Wort miteinander gewechselt haben. Jakob fürchtet sich vor dem gewalttätigen Bruder, jener aber – ganz Gefühl und Instinkt – ist zu einem sachlichen Gespräch weder willens noch in der Lage. Über Mittelmänner und -frauen lässt Rebekka ihren Einfluss spielen, doch vergeblich. Die Sache lässt sich nicht aus der Welt schaffen, der Bruch geht zu tief. Rebekkas Vermittlungsversuche scheitern letztendlich an der patriarchalen Struktur des Stammes. Die Männer haben das Sagen und die Männer halten selbstverständlich zu Esau, dem Jäger, dem Säufer, dem Kumpanen. Er ist einer vom rechten Schlag, ein echter Kerl. Den verkopften Jakob dagegen hält man für ein Muttersöhnchen und einen Faulenzer, jemand der lügt und betrügt, jemand, dem nicht zu trauen ist, weil er zu schlau ist. Dazu kommen die Zukunftssorgen der Männer. Wem wollen sie ihr Glück anvertrauen? Auch hier schneidet Esau besser ab. Er hat die Töchter des Landes geheiratet, hat sich also bereits mit den ansässigen Stämmen verschwägert – das schafft Sicherheit für die von Abimelech faktisch nur geduldeten Gefolgsleute Isaacs. Dazu kommt, dass Esau das Geschäft versteht. Er kann zupacken, arbeiten, er ist verlässlich, dabei aber auch naiv. Man hält ihn für harmlos – eine gute Eigenschaft für einen Führer. Ein kleiner Diebstahl hier und dort – sehr übliche Gepflogenheit des Knechtsstandes jener Zeit, um sich der Herrschaft gegenüber schadlos zu halten – wird vor dem Rothäutigen leicht zu verbergen sein. Bei Jakob, der zu lesen, schreiben und vor allem zu rechnen versteht, wird man es dagegen ungleich schwerer haben.

Es sieht schlecht für Jakob aus. Sein Leben schwebt in dauernder Gefahr. Sobald Isaac das letzte Mal die Augen schließt, wird es auch mit ihm zu Ende gehen, wenn nichts geschieht.

Flucht zu Verwandten

Jakob muss fort – in Sicherheit. Aber von einer Flucht darf keine Rede sein. Zu schwach ist Jakobs Stellung schon innerhalb des Stammeshierarchie. Jede weitere Kompromittierung wäre fatal. Eine offene Flucht würde ihn de facto jeglicher Hoffnung berauben, sein Erbe in Zukunft – wenn die Wogen des brüderlichen Zorns sich geglättet haben – antreten zu können.

Wieder ist es die Mutter, die schicksalhaft und überaus klug in Erscheinung tritt. Sie weiß um die Gefahr, in der Jakob schwebt und sie verschweigt ihm ihr Wissen nicht (Gen 27,42): „Siehe, dein Bruder Esau droht dir, dass er dich umbringen will." Gleichzeitig weiß sie einen Ausweg (Gen 27,43): „Mach dich auf und flieh zu meinem Bruder Laban nach Haran."

Das Problem, das es nun zu überwinden gilt, ist die öffentliche Wahrnehmung dieses Wegzugs. Die Geschichte mit dem ergaunerten Segen lastet schwer auf Jakob. Würde man im Stamm seine Reise zu Laban als Flucht deuten, käme dies einem Ausstoß aus der Gemeinschaft und darin dem irreversiblen rechtlichen

Verlust der Erbschaft gleich. Also konstruiert Rebekka ein Narrativ, das dieser Wahrnehmung entgegenzuwirken sucht.

Jetzt, wo er den väterlichen Segen hat, ist es für Jakob angemessen, sich zu verheiraten und Nachkommen zu zeugen. Die Partnerwahl des Sohnes wird von Rebekka raffiniert zum Politikum stilisiert. Sowohl Isaac als auch sie sind mit Esaus Ehen unzufrieden. Er hat die Töchter des Landes geheiratet. Zwar war dies hilfreich für den Verbleib in der Fremde – die Verschwägerung mit den Ureinwohnern garantiert Sicherheit und Bestand – und wurde daher wohl auch von Isaac als notwendiges Übel akzeptiert. Auf der anderen Seite verachtet man die Fremden, ihre Sitten und Gebräuche; man ist besser als jene, man weiß sich auserwählt, geliebt und bevorzugt von Gott. Warum sich also mit den Nichterwählten mischen und das eigene, kostbare mit dem minderwertigem Blut Kanaans verdünnen?

Rebekka protestiert vehement dagegen! Sie tut es laut und allgemein vernehmlich (Gen 27,46): „Wenn Jakob eine Frau nimmt von den Hetiterinnen wie diese, eine von den Töchtern des Landes, was soll mir das Leben?"

Freilich, Rebakka dramatisiert, spitzt zu, übertreibt. Mischehen waren in jener Zeit durchaus üblich und ein gutes Stück weit auch notwendig. Selbst Moses wird sich mit einer Midianitierin und mehr: der Tochter eines heidnischen Priester verheiraten. Was zählt, ist nicht die Herkunft, sondern die innerhalb der Ehe gelebte Sitte und Religion. Auch Rut war eine Ausländerin – und hat Gott sie nicht zur Stammmutter Davids, seines Geliebten, erhöht?

Es geht Rebekka in Wahrheit um etwas anderes. Sie will und muss einen bestimmten Eindruck innerhalb des Stamms erwecken, muss polarisieren, um die Stimmung für Jakob günstig zu beeinflussen. Dass sie die Aspekte von Blut und Familie hevorhebt, ist in Anbetracht der Zusammensetzung des Stammes äußerst gerissen: Während die jüngeren Männer zweifellos wie Esau die Kinder des Landes geheiratet haben, haben die älteren ihre Partner noch aus der alten Heimat mitgebracht. Im Stamm selber schwelt also bereits ein latenter Konflikt, den Rebekka nun geschickt eskaliert. Die Betonung des Trennenden ist immer geeignet, widerstreitende Meinungen zu generieren. Und genau diese Kontroverse ist es, die Jakobs Mutter für ihren Sohn will und braucht.

Natürlich nimmt sie dabei in Kauf, Esau öffentlich anzugreifen. Indem sie erneut seine Partnerwahl heftig kritisiert, stellt sie gleichsam seinen Machtanspruch in Frage. Kann einer, der sich von Tradition und Blut bereits so weit entfernt hat, wirklich der Erbe Isaacs werden? Die einen befürworten es, die anderen schütteln die Köpfe: Streit, Zwietracht, Verwirrung, Chaos – der perfekte Rahmen, um Jakob diskret in Sicherheit zu bringen.

Auf der Spitze der Kontroverse fordert Rebekka Isaac – dem die Wege seiner lieben Frau nicht verborgen geblieben sind – indirekt auf, den Sohn zu ihrem Verwandten Laban zu schicken. Dort soll er eine seiner Kusinen heiraten. Isaac gibt dem Wunsch Rebekkas ohne Weiteres nach und entlässt Jakob öffentlich und mit Segenserteilung. Durch diese Geste stärkt er nicht nur dem Sohn den Rücken, sondern er verhindert auch jede öffentlich geäußerte Kritik am Weggang des gesitteten Mannes von seinen geliebten Zelten. Denn nicht Jakob ist es, der in Nacht und Nebel flieht, sondern sein Vater hat ihn um Willen der Reinerhaltung des Stammes gesandt, welchen Esau mit seinen Frauen befleckt hat.

So bringt sich Jakob in Sicherheit. Als er gegangen ist, herrscht Streit im Hause Isaacs. Soll man sich nun mit den Einwohnern des Landes mischen, stehen Fragen der Sicherheit und des wirtschaftlichen Fortkommen über Blut und Tradition oder umgekehrt? An Jakob denkt natürlich niemand mehr.

Ein letztes Wort darüber, wie die Kontroverse ausgegangen ist:

Schlussendlich neigte sich die Waage Rebekkas Seite zu. Esau knickt am Ende ein und heiratet selbst eine Kusine, eine Tochter Ismaels, Mahalat heißt sie (Gen 28,7-9), um vor allem den Vater zufriedenzustellen –

Jakob wird sich ja auf mütterlicher Seite ebenfalls eine Kusine zur Heirat suchen. Doch wieder wird Esau, unwissend wie er ist, Opfer eines tragischen Irrtums. Ismael ist der verworfene Sohn Abrahams, den Gott nur um Abrahams willen vor dem verdienten Tode (Gen 21,8-13) errettet. Aber Anteil am Erbe, am Segen und der Verheißung haben Ismael und seine Nachkommen trotzdem nicht. Und so muss auch Esaus Same verderben, während der Schöpfer durch seinen Geliebten Jakob sich ein Volk aus den Geschlechtern dieser Welt herauslösen wird.

Ein finsteres Tal

Die Erzählung von der Himmelsleiter ist entscheidend für das Verständnis der Beziehung von Jakob und dem Schöpfer, weil sie Jakobs Sensibilität für Gottes Wirken in der Welt unter Beweis stellt. Die ganze erschreckende Tiefe ihrer leidenschaftlichen Liebe füreinander wird freilich erst in der Intensität eines späteren Zusammentreffens ermessen werden können. Mit Mose redet Gott wie mit einem Vertrauten; zu anderen spricht er durch Propheten oder Visionen oder Zeichen. (Ex 12,6-8) Nur wenigen Menschen zeigt er sein Angesicht, seine wahre Gestalt. Noch kleiner ist die Gruppe, denen er sich physisch, körperlich naht. Jakob ist einer dieser Erwählten.

Dass Gott Jakob erwählt, ist neben anderem auch auf dessen kindliche und reine Liebe zurückzuführen. Jakob *weiß* um Gott. Er liebt, weil er weiß, und er weiß, weil er die Liebe als Lebenswirklichkeit wahrnimmt. Da ist kein Zweifel in ihm, ob Gott ist, wer er ist und was er will. Da sind keine Relativierungen und keine Fragen, keine Erweiterungen noch Vorbehalte. Jakobs Liebe für Gott ist das Spiegelbild der religiösen Grundstimmung an sich. Durch Jakob wird Gott von einem Geschöpf geliebt, wie er selbst jenes liebt; seine Sehnsucht wird erfüllt, seine Hingabe findet endlich ein Gefäß, das sie fasst. Darum *muss* Gott Jakob später auch körperlich begegnen, er *muss* ihn berühren, nein, mit ihm ringen, auf Leben und Tod mit ihm kämpfen – nicht einmal der sexuelle Akt übersteigt nämlich den Kampf auf Leben und Tod an Intensität –, um dem rein geistigen Aspekt ihrer gegenseitigen Zuneigung, den leiblichen beizustellen und so das Liebeswerk zu vollenden.

Aber gehen wir einen Schritt zurück, betrachten wir das Vorspiel, den Rahmen und den hermeneutischen Schlüssel zum Verstehen dieses Liebesverhältnisses – denn nichts anderes ist die Erzählung von der Himmelsleiter als ein Vorspiel, ein Rahmen und ein Schlüssel für das Verstehen von Jakobs Lebensweg.

Jakob wandert in völliger Einsamkeit dem Hause seines Onkels in Haran zu. Es ist das erste Mal in seinem Leben, dass er ganz auf sich alleine gestellt ist. Weder Ansprache noch Hilfe werden ihm in dieser Ödnis zuteil. Dabei kennt der gesittete Mann doch nur die Welt der Zelte und das andauernde Stimmgewirr der Frauen, das Gemurmel der Alten und das Kreischen der Kinder. Die Stille der Wildnis, die Menschen-Leere – Esaus Welt ist das – erschreckt ihn zutiefst. Er stürzt in eine tiefe Krise. Sofort fühlt man sich an Psalm 23 erinnert. Das finstere Tal taucht vor dem inneren Auge wie ein gefräßiger Schlund auf, in dessen Zentrum nichts als teerige Schwärze ruht. Man denkt unweigerlich an die trostlosen Landschaften der Gehinnom oder die endlosen Hallen der Sheol. Schließlich erscheint einem die Hölle selbst als Ort vollkommener Verlassenheit, vollkommener Hoffnungslosigkeit. Der Tod als Telos von Leib und Seele wird in dieser grauen, schweigenden Welt zur greifbaren Wirklichkeit. Jede Stunde, die vergeht, spürt Jakob die qualvoll langsame Drainage des Lebens. Er möchte sich ablenken davon, will das wortlose Flüstern jenes bösen Geistes, der ihm unaufhörlich von der Eitelkeit und dem Ende aller Dinge schwatzt, nicht mehr hören müssen. Wo ist David, der die Harfe anschlägt und den dunklen Geist vertreibt? Wo ist die Geliebte, in deren Armen man süßes Vergessen, Selbstvergessenheit findet? Nichts, nichts, nichts. Jakob ist auf sich selbst zurückgeworfen. Er ist, im wahrsten und radikalstem Sinne des Wortes, *verlassen und verloren im finsteren Tal.*

Denn du bist bei mir

Doch er gibt nicht auf, lässt sich nicht gehen. Weder lässt er zu, dass der böse Geist seine Liebe zu Gott relativiert, noch gibt er sich rückhaltlos der Verzweiflung hin. Er hält durch, hält aus, denn in all seiner Einsamkeit, ist er am Ende doch nicht alleine: Das Gegenteil ist der Fall. Gerade in seiner Verlassenheit, kann er Gott nah kommen; die störenden Einflüsse der Welt sind ausgeschaltet. Wieder kommt einem der Psalm 23 ins Gedächtnis (Vs. 4): „Und ob ich schon wanderte im finstern Tal, fürchte ich kein Unglück; denn *du* bist bei mir, dein Stecken und Stab trösten mich." Der Kernsatz, der Jakobs Liebe zu Gott ausdrückt und gleichsam Antwort auf die Anfeindungen des Lebens überhaupt ist, lautet: „[D]enn du bist bei mir." In gewisser Hinsicht ist dieses „Denn du bist bei mir" das perfekte Gegenbild der Selbstoffenbarung Gottes, wenn er Moses Frage, wer er denn sei, beantwortet mit dem Wort: „Ich bin, der ich bin." – Zwei Seiten einer Münze.

Freilich kennt Jakob den Psalm, d.h. seinen Wortlaut nicht. Erst viel später wird ein anderer Geliebter Gottes, David, ihn erdichten und dieses besondere Gefühl größter Gottesnähe und Vertrauen in ein Lied *übersetzen.* Empfunden aber hat Jakob das Gleiche, als er sich in der ersten Nacht nach seinem Wegzug zur Ruhe legt – ein Stein stützt den Kopf des jungen Mannes, der weiche Kissen gewöhnt ist. Traurig und verloren blickt er in jene grenzenlose Weite des Himmels. Die Augen mögen ihm in Tränen schwimmen. Doch er verzagt nicht. Er hält durch, spürt er doch gerade jetzt Gott in seiner Nähe.

Und jener beantwortet das stummes Gebet Jakobs mit einem Traum, der einer Selbstoffenbarung gleichkommt.

Die Architektur des Seins

Das Bild, das den ganzen Traum und in ihm die Architektur des Seins schlechthin enthält, könnte einfacher kaum beschrieben werden: „Und ihm träumte, und siehe, eine Leiter stand auf Erden, die rührte mit der Spitze an den Himmel, und siehe, die Engel Gottes stiegen daran auf und nieder. Und der HERR stand oben darauf und sprach (Gen 28,12-13): Ich bin der HERR, der Gott deines Vaters Abraham, und Isaaks Gott; das Land, darauf du liegst, will ich dir und deinen Nachkommen geben." Die Verheißung Gottes geht noch etwas weiter, uns interessiert aber vor allem das Traumbild selbst und Jakobs Reaktion darauf.

Die Leiter symbolisiert den Weg zu Gott – es geht nach oben. Wer einmal eine Leiter von sagen wir fünf Metern erstiegen hat, kennt das kitzlige Gefühl in der Magengegend, das den zunehmenden Abstand vom Erdboden begleitet. Wie muss einem da zumute sein, wenn es bis zum Himmel geht! Die Leiter als simples Hilfsmittel des Aufstiegs zu deuten, ist zwar verlockend, könnte aber falscher nicht sein. Das hölzerne Gefüge ist fragil, es schwankt, wenn man es ersteigt – und birgt nicht jede einzelne der dünnen Sprossen immer die Gefahr, zu brechen? Den Engeln Gottes allein ist das routinierte Auf- und Niedersteigen vorbehalten. Dass mit diesen Engeln jene Seelen gemeint sind, die Körper in Besitz nehmen oder nach deren Ableben jene wieder verlassen, scheint nicht unplausibel. Wahrscheinlicher handelt es sich aber um tatsächliche Engel, die als Helfer und Agenten Gottes auf Erden tätig sind. Die Leiter würde in diesem Kontext nicht nur den Aufstieg zu Gott zu bedeuten, sondern gleichsam dessen über Engel vermitteltes Wirken in seiner Schöpfung. Denn anstatt seine Schöpfung selbst zu betreten, agiert er durch Engel oder spricht er zu seinen Auserwählten, bzw. macht ihnen seinen Willen durch Zeichen und Wunder bekannt. Diese Distanz wird er auch von seinem Volk verlangen, dieses Sich-unterscheiden von den anderen, den Unheiligen, den Unreinen, den

Weltlichen. Die Vorstellung, dass Gott Mensch werden könne, erscheint in diesem Zusammenhang nicht nur höchst sonderbar, sondern geradezu blasphemisch. Dazu kommt, dass ein Mensch in einem Menschen niemals Gott erkennen *kann* – die sich stets wandelnde Körperlichkeit alleine widerlegt die Unwandelbarkeit und Ewigkeit des Höchsten; ein Menschen-Gott muss zwangsläufig die Menschen und ihr stets unzureichendes Begreifen in die Irre führen und dabei gleichzeitig die Gottheit entweihen.

Das Traumbild – die Architektur des Seins – zementiert Jakobs Verhältnis zu Gott. Es bestätigt seine Liebe und stärkt sein Vertrauen, seine Gewissheit. Aber mehr als das: In der Verheißung Gottes, die in diesem Traum an Jakob ergeht, erwidert jener offen und unverstellt seine Liebe. Er bindet sich an Jakob – ein irreversibler und unauflösbarer Bund (Gen 28,15): „Und siehe, ich bin mit dir und will dich behüten, wo du hinziehst, und will dich wieder herbringen in dies Land. Denn ich will dich nicht verlassen, bis ich alles tue, was ich dir zugesagt habe."

Man darf nicht vergessen: Jakob sieht Gott an der Spitze der Leiter stehen. Er blickt ihm ins Angesicht, erkennt ihn. Der Schöpfer aller Dinge macht ihn zum Mitwisser seiner Geheimnisse. Spiegel und Spiegelbild stehen einander gegenüber, die Leiter wird zum Werkzeug des Auges, zum Inbegriff des Sehens; das Wort aber schafft finale Klarheit und Intimität zwischen Jakob und Gott. Die Architektur des Seins findet ihren Widerhall in der Architektur des Daseins des Einzelnen: Jakobs Leben wird zum Inbegriff der religiösen Daseinsform schlechthin, die weder Zweifel, noch Lauheit kennt.

Jakob selbst bezeugt und besiegelt diese Erfahrung mit seiner Reaktion auf das im Traum Erlebte: Er richtet einen Altar auf und gibt dem Ort einen neuen Namen: Bethel – Haus des Herrn. Sein Ausruf ist dabei von besonderem Interesse (Gen 28,17): „Wie heilig ist diese Stätte! Hier ist nichts anderes als Gottes Haus (Beth-El), und hier ist die Pforte des Himmels."

Gottes Haus ist Sinnbild für die Anwesenheit des Ewigen in der Welt. Der Tempel, den die Menschen nicht sehen können... Jakob weiß um ihn. Überall ist Gott. Die Welt selbst ist ein Heiligtum, ein Ort der Nähe und Begegnung, wenn nur der Mensch, der sich nach Gott sehnt, die Augen seiner Seele öffnet. Und weil Gott omnipräsent ist, weiß Jakob auch, dass er sein Versprechen, immer bei ihm zu sein, auch halten wird. Es gibt keinen Ort, an dem HaShem und seine Engel nicht wirken könnten. Keinen Ort? Doch, einen einzigen Ort gibt es, den der Schöpfer meidet, ja, den er nicht betreten *kann*: Das ist das Herz des Sünders und die Seele des Frevlers, der Abgrund im Menschen, der Mensch als Abgrund, als Urheber und Opfer des Bösen.

Jakob schließt den Kreis des Bundes mit Gott, indem er auf dessen Verheißung mit einem eigenen Gelübde, einer Selbstverpflichtung, antwortet (Gen 28,20-22): „Wird Gott mit mir sein und mich behüten auf dem Wege, den ich reise, und mir Brot zu essen geben und mir Kleider anzuziehen und mich mit Frieden wieder heim zu meinem Vater bringen, so soll der HERR mein Gott sein. Und dieser Stein, den ich aufgerichtet habe zu einem Steinmal, soll ein Gotteshaus werden; und von allem, was du mir gibst, will ich dir den Zehnten geben." Die Subtilität dieses Eides beweist die intime Nähe, die Jakob mit dem Ewigen pflegt – er setzt etwas ihm Natürliches in einer ganz natürlichen Weise fort; es ist, als träfen sich zwei gute Freunde nach einem Jahrzehnten wieder, und es ist ihnen, als wäre kein Tag zwischen ihrem letzten Gespräch vergangen.

Zwei Aspekte gilt es nun bei Jakobs Eid zu beachten – sie enthüllen Charakter und Wesen der Beziehung zu Gott.

1. Der Wortlaut des Gelübdes macht nur auf der Basis der vorangegangenen Verheißung Sinn. Jakob antwortet bereits aus der Perspektive des Bundes heraus. Er ist die Stimme jenes Volkes, zu dem ihn Gott machen wird. Die Heimkehr in die Heimat, die Reise ins Ungewisse, der spätere Bau des realen Tempels – diese historischen Daten, die die Geschichte des Volkes Israel bestimmen werden, sind bereits vorweggenommen. Als Beweis mag

der versprochene Zehnte gelten: Wie und vor allem wem soll denn Jakob den Gott versprochenen Zehnten entrichten, wenn weder Priesterschaft, noch Tempel, noch Kultus existieren? Jakob aber weiß, was Gott von ihm erwartet und vor allem, was er mit dem Volk vor hat, das aus seinem Samen wachsen wird: Die Etablierung einer Religion, einer Sphäre der Heiligkeit.

2. Das Gegengelübde nötigt Gott, sich an sein Versprechen zu halten. Hier schlägt uns wieder die Schlauheit Jakobs entgegen. Denn in seinem Gelübde formuliert er ein Versprechen, das nur dann eingelöst werden kann, wenn Gott ihn persönlich erhält – Brot und Kleider – und ihn auch zu seinem Vater, d.h. in seines Vaters Haus, zurückkehren lassen wird. Letzteres impliziert nicht nur den vorangegangenen Erfolg seiner Reise zu Laban, sondern auch, dass Esaus Zorn verflogen sein und er das über den gestohlenen Segen gewonnene Erbe antreten wird.

III. Kapitel
Geistige Beschneidung

Die größte Gefahr, die den Lieblingen Gottes droht, sind sie selbst: der Hochmut, der aus dem Hochgefühl der Erwählung geboren wird, wird ihnen zur Falle. Freilich kann Gott diesen Hochmut nicht dulden. Seine eifersüchtige Liebe erträgt nicht, dass der Geliebte sich selbst als Ursprung der leidenschaftlichen Hingabe des Schöpfers wähnen darf – dies ist die Essenz des Hochmuts, die eigentliche Sünde. Welche Anmaßung des Geschöpfs, sich selbst als Maß der Liebe seines Schöpfers zu setzen, als wäre sein bloßes Dasein schon ausreichendes Verdienst! Gott duldet keine anderen Götter neben sich, wie sollte er da den Hochmut eines Menschen ertragen?

Auf der anderen Seite liebt der himmlische Vater gerade seine wilden und gelegentlich auch aufmüpfigen Kinder besonders. Freiheit, Tatkraft, Selbstständigkeit und Selbstbewusstsein bis hin zur vollkommenen Autonomie, die in radikaler Abkoppelung vom Rest der Menschheit mündet, zeichnen die Erwählten Gottes wesenhaft aus. Ein Mittelweg ist nötig. Einerseits muss der Hochmut als Makel ausgerottet und so das trennende Moment in der Beziehung beseitigt werden, andererseits darf unter diesem Eingriff nicht die Seele mit ihren Besonderheiten leiden. Man bricht nicht, was man liebt. Kriechierische Demut ist nichts anderes als die Kehrseite des Hochmuts.

Die Reinigung des Menschen bei gleichzeitiger Erhaltung seiner genuinen Individualität wird durch geistige Beschneidung erreicht. Gott züchtigt und belehrt, wen er liebt und von wem er geliebt werden möchte.

Das Mädchen am Brunnen

Bevor er ins Haus seines Onkels und damit in eine neue Phase seines Lebens eintritt, begegnet Jakob seiner Kusine Rahel, an einem Brunnen – es ist Liebe auf den ersten Blick. Diese ausführlich beschriebene Szene ist höchst intensiv, prickelnd sogar, insbesondere, wenn man sie im Kontext des Zuvor und Danach liest. Werfen wir einen Blick darauf:

Als Jakob also jenen Brunnen erreicht, an dem er Rahel

das erste Mal sehen wird, befindet er sich in einem Zustand höchster innerer Angespanntheit. Die Flucht, das Alleinsein, die Fremde, die Ungewissheiten und Gefahren einer nebelhaften Zukunft, dazu der überwältigende Eindruck des Traums und des göttlichen Versprechens haben Jakobs Nerven überreizt. Alles erscheint im Licht der Verheißung, in welcher sich Jakob selbst als zweigeteilt wahrnehmen muss, ist er doch gleichsam aktiver Protagonist und passiver Zuschauer einer Geschichte, die Gott nun auf dem Papier seiner Tage schreiben will. Ein Schicksal, um es mit einer Wendung H. H. Jahnns auszudrücken, *ereignet* sich an ihm.

Nur auf Basis dieser Überspanntheit, dieser fast schmerzlichen Sensibilität für das sich gerade eben Ereignende, für das Umfeld, für die Mitmenschen – wirkt Gott nicht überall, ist überall nicht Gottes Haus? – können wir Jakobs sonderbares Verhalten am Brunnen verstehen.

Als Jakob den bedeutsamen Ort im Lande Haran erreicht, rasten dort bereits drei Herden. Der Brunnen ist noch mit einem Stein verschlossen, wohl um das Eindringen von wilden Tieren, die das Wasser verunreinigen könnten, zu verhindern. Einige Hirten sind anwesend. Jakob erkundigt sich sehr höflich, woher sie denn stammen. „Wir sind von Haran" (Gen 29,4), antworten sie. Natürlich weiß Jakob längst, wo er sich befindet. Die Frage soll die Hirten in die Irre führen, sie von ihren eigenen Vorbehalten ablenken. Er traut ihnen nicht. Warum nicht? Nun, zunächst ist er ein Fremder, ein Eindringling – in diesen rauen Zeiten begegnet man dem Fremden mit Vorsicht, wenn nicht gar mit offener Feindseligkeit. Dazu kommen Jakobs eigene Erfahrungen mit den „Hirten". In seiner Heimat waren sie Esaus Parteigänger, ihn aber, der die Zelte liebte, verachteten sie. Es ist eine natürliche Feindschaft zwischen jenen und ihm, die Jakob nun zur Vorsicht mahnt.

Dass er sich in Acht nimmt, beweist Intelligenz und Menschenkenntnis. Was nun aber folgt, zeigt, dass Jakobs Talente noch nicht voll entwickelt sind. Sein Temperament geht mit ihm durch und lässt ihn einen höchst amüsanten Fauxpas begehen.

Nachdem sich Jakob nach Labans Wohlbefinden erkundigt hat – dies alles noch höflich, gesittet – betritt Rahel die Szene. Es sind die Hirten, die Jakob ihr Erscheinen bedeuten (Gen 29,6): „[U]nd siehe, da kommt seine [Labans] Tochter Rahel mit den Schafen." Jakob wendet sich nach ihr um, wendet sich nach seiner Kusine um, die zur Frau zu nehmen, der formale Grund seines Hierseins ist.

Da sieht er, vielleicht auf einer Anhöhe, vielleicht staubumwirbelt und bekleidet mit strahlendem Sonnenschein, das Mädchen, dem er von nun an mit ganzem Herzen anhangen wird. Rahels Erscheinen trifft ihn wie ein Blitz.

Mag sein, dass Gott in diesem Augenblick eifersüchtig wird. Gewiss fühlt er sich aber in seinem Vorhaben, Jakobs Hochmut zu brechen, ohne ihn dabei inwendig zu verletzen, bestätigt. Es wurde bereits gesagt: Er duldet keinen anderen Götter neben sich – wie sollte er da einen Menschen neben sich dulden? Diesmal trifft sein Argwohn freilich nicht Jakob, sondern auch und vor allem den Gegenstand seiner Erregung, Rahel. Sollte der Mann die Frau mehr lieben als Gott? Sollte er ihr, die aus seiner Rippe wurde, mehr vertrauen als jenem, der sie beide formte? Gott wird es den zwei jungen Menschen schwer machen. Jakob bezahlt Rahel teuer, und sie, nun, auch sie bezahlt für Jakobs Zuneigung eine hohen, einen sehr hohen Preis. Sicher, am Ende segnet der Schöpfer beide und erfüllt seine Verheißung. Doch bis es soweit ist, muss Jakob erst Demut und Geduld lernen, und auch Rahel, die auf den ersten Blickt unschuldig scheint, muss um willen ihres künftigen Ehemann viel erleiden. Ihr Verhältnis zum Gott ihres Cousins ist und bleibt, gelinde gesagt, schwierig. Doch bleiben wir bei Jakob.

Den Eindruck, den das Mädchen auf den Fremdling macht, ist gewaltig: Jakob verliert praktisch im Moment ihres Auftauchens jegliche Selbstkontrolle. Die Hirten, denen er bislang mit zurückhaltender Freundlichkeit begegnet ist, herrscht er plötzlich an – dies gewiss, um vor dem Mädchen den großen Mann herauszukehren. Er kommandiert (Gen 29,7): „Es ist noch hoher Tag und ist noch nicht Zeit das Vieh einzutreiben; tränkt die Schafe und geht hin und weidet sie."

Die Verwunderung über diesen frechen, in vollem Selbstbewusstsein ausgesprochenen Befehl aus dem Mund des sonderbaren Fremdlings ist bei den Angesprochenen so groß, dass die eigentlich zu erwartende, harsche Gegenreaktion ausbleibt. Anstatt Jakob das Fell zu gerben, entschuldigen sie sich stammelnd, stotternd und augenscheinlich um Fassung ringend (Gen 29,8): „Wir können es nicht, bis alle Herden zusammengebracht sind und wir den Stein von des Brunnen Loch wälzen und dann die Schafe tränken."

Diese Antwort ist für Jakob nicht hinnehmbar, weil der prüfende und gewiss ein wenig verwunderte Blick Rahels, die sich der Szene nun naht, bleischwer auf ihm liegt. Dem Wort, das er so achtlos und in Unkenntnis der Sitten der Gegend ausgesprochen hat, muss nun eine Tat folgen – der Wahnsinn der Verliebtheit hat von Esaus Bruder Besitz ergriffen und treibt ihn dazu, der Torheit eine weitere Torheit hinzuzufügen. Ohne auf den Einwand der Hirten auch nur einzugehen, rollt er den Stein selbst weg. Das Mädchen und ihre Tiere sind jetzt herangekommen. Jakob tränkt Rahels Schafe. Den vorangegangenen Dialog zwischen Jakob und den Hirten wird sie zwar kaum gehört haben – später aber hinterbringt man ihr zweifellos jedes Wort.

Nachdem die Schafe versorgt sind, wird Jakob von Rahel irgendeine Geste des Dankes bekommen haben – ein verwundertes Lächeln vielleicht, ein Augenaufschlag. Diese Winzigkeit genügt, um Jakob erneut aus der Bahn sittsamer Zurückhaltung zu werfen. Er küsst die verblüffte Kusine und weint vor Freude „sehr laut" (Gen 29,11). Jetzt erst stellt er sich ihr vor, zitternd und verwirrt und verliebt, oh ja, verliebt, verliebt bis über beide Ohren.

Laban – der sonderbare Lehrmeister

Wenn man sich einen Lehrmeister vorstellt, kommt einem unweigerlich das Bild eines betagten, langbärtigen, höchst ehrwürdig wirkenden Mannes in den Sinn, der mit Verstand, Geduld und reichem Wissen seinem ungestümen Zögling die Flausen austreibt. Wir denken vielleicht an Aristoteles und Alexander oder an Nathan und David. In Jakobs Fall ist der Lehrmeister, der Beschneider seines Geistes und Begradiger seines Charakter, dagegen von ganz absonderlicher Art: Laban wird diese Rolle zugewiesen – eine seltsame Besetzung. Der Onkel Jakobs ist ein gewitzter Gauner, kein würdiger Lehrmeister. Man spürt hier eine echte Verwandtschaft zwischen ihm, Jakob und Rebekka. Die Gerissenheit liegt in der Familie, eine Eigenschaft, die Laban sehr zu schätzen weiß. Als Jakob ihn nämlich von den Umständen, die seine Anwesenheit erklären, unterrichtet, entgegnet jener amüsiert (Gen 29,14): „Fürwahr, du bist von meinem Gebein und Fleisch." Überhaupt ist die Begegnung zwischen Onkel und Neffe überaus herzlich (Gen 29,13). Der Flüchtling findet im Hause Labans Aufnahme als willkommener Gast.

Jakob mag die Wertschätzung, die ihm der Verwandte entgegenbringt, als etwas Selbstverständliches hinnehmen, ja, sein Hochmut mag in dieser Zeit noch ein letztes Mal zur vollen Entfaltung gekommen sein. In ihm mag es denken: „Was habe ich mich nur um Esau gegrämt? Gott ist mit mir, nirgends fehlt es mir an etwas. Er hat das Herz meines Onkels sehr gütig gegen mich gestimmt. Ich werde seine Tochter, die schöne Rachel heiraten, und eine Mitgift erhalten und dann kehre ich ins Haus Isaacs zurück, um mit Gottes Hilfe auch dieses Erbe einzufordern. Nichts kann mir etwas anhaben, nichts kann mein Glück dauerhaft verschatten, denn Gott liebt mich über alles." Doch diese Anmaßung wird bald ein jähes Ende finden. Der Schöpfer beginnt Jakob durch Laban zu züchtigen. Das Interessante hierbei ist, dass Laban keineswegs als oben beschriebener strenger Lehrmeister an Jakobs Charakter zu wirken beginnt. Desgleichen wäre auch sinnlos. In Jakob paaren sich Klugheit und Hochmut – eine Kombination, die ungemein resistent gegen wohlmeinende Ratschläge, geschweige denn strenge Unterweisungen macht; man weiß es selbst ja immer besser. Stattdessen bedient sich Gott mit Laban eines Mannes, der die gleiche geistige Grundausstattung wie Jakob besitzt: Der Gerissene soll durch Gerissenheit gedemütigt werden, d.h. echte Demut lernen. Jakob soll erkennen, dass das eigene Vermögen ohne Gottes Wohlwollen – das eben nicht selbstverständlich ist, sondern immer wieder neu gewonnen und vertieft werden muss – zu nichts nutze ist.

So beginnen Jakobs Lehrjahre mit der doppelbödigen Frage seines Onkels, die er einen Monat nach Ankunft des Neffen stellt (Gen 29,15): „Zwar bist du mein Verwandter, aber solltest du mir darum umsonst dienen? Sage an, was soll dein Lohn sein?"

Laban sagt nicht: Wenn du weiter in meinem Haus leben willst, musst du arbeiten. Nein, er wirft mit seiner Frage einen Fallstrick aus, in welchem sich Jakob selbst fangen muss. Denn anstatt dem trickreichen Vorbringen des Onkels deutlich zu widersprechen, erwidert Jakob im Hochgefühl seiner Unantastbarkeit (Gen 29,18): „Ich will dir sieben Jahre um Rahel, deine jüngere Tochter, dienen." Jakob begreift an dieser Stelle überhaupt nicht, dass Laban ihn hereinlegen will. Sein Hochmut macht ihn blind für das Offensichtliche. Er kann sich nicht einmal vorstellen, dass jemand ihn, den Fersenhalter und Liebling Gottes, übertölpeln könnte.

Doch schon ist es geschehen. Jakobs großspurige Ansage, er würde um Rahel sieben Jahre dienen, ist kein wirklich ernstgemeintes Angebot. Hier spricht der Pathos des Verliebten, der Hirten anherrscht und Steine wegrollt, um einem Mädchen zu imponieren. Die Antwort, die er von Laban erwartet, ist: Nimm meine Tochter und mein halbes Vermögen. Ich setze dich über mein Haus etc. Die Antwort, die er dagegen erhält, fällt anders aus (Gen 29,19): „Es ist besser, ich gebe sie dir, als einem anderen;

bleib bei mir." Laban geht auf das großspurige Angebot seines Neffen schlicht ein und legt ihn damit aufs Kreuz. Jakob kann nun nicht mehr zurück – er ist in die Falle des eigenen Hochmuts getappt. Würde er den Antrag zurückziehen, verlöre er nicht nur sein Gesicht, sondern auch Rahel. Ein Verbleiben im Haus des Onkels wäre dann unmöglich, da Laban und seine schöne Tochter sich beleidigt fühlen müssten. Wo aber sollte er sonst hingehen? Und wen, wenn nicht die wunderbare Kusine, sollte er sonst zur Frau nehmen?

Sieben tote Jahre – sieben heilsame Jahre

Jakob schluckt die Kröte. Er dient die folgenden sieben Jahre – für einen jungen Mann eine lange (Warte-)Zeit – dem Onkel und jener ist klug genug, den Sohn seiner Schwester nicht gar zu hart anzufassen. Trotzdem wird Jakob viel abverlangt. Der Wortlaut des Textes verrät zwar nichts über diese Zeitspanne, doch schweigt er auch nicht davon. Gerade das Nichtgesagte ist bedeutend: Es sind sieben lange und tote Jahre, die Jakob verlebt. Die Arbeiten, vor denen er sich im Haus seines Vaters so galant zu drücken vermochte, muss er nun ausführen. Er hütet die Herde des Onkels, besorgt dessen Wirtschaft. Dabei muss er sich zwangsläufig mit den anderen Hirten und Knechten abgeben – eine ungewohnte und gewiss unerfreuliche Erfahrung für den gesitteten Mann, der das Leben in der Nähe der Zelten dem unbequemen, langweiligen und beizeiten auch gefährlichen Hirtendasein vorzog. Dazu kommt die Szene am Brunnen. Der harsche Befehlston des seltsamen Fremdlings wird in der Eintönigkeit des halbnomadischen Alltags lange widergehallt haben. Man hat ihn nicht vergessen, diesen Aufschneider, der nun gedemütigt einherschleicht, kaum noch ein Gleicher und Gleichen. Dazu kommt, dass sich die Geschichte vom gestohlenen Segen gewiss weiterverbreitet haben wird – wer kann glauben, dass Laban jenen Streich, der ihn selbst so sehr amüsierte, nicht den Nachbarn und Familienangehörigen erzählt haben wird? Der Argwohn der Hirten gegen den ihnen geistig überlegenen und darin potentiell bedrohlichen jungen Mann, hat Jakob auch hier erreicht. Und er selbst, kein anderer, trägt die Schuld daran. So wird sein Dienst für Laban anfangs alles andere als leicht gewesen sein. Im besten Fall wird er Spott und Verachtung der anderen Hirten zu ertragen gehabt haben: Spott, weil Jakob das ihnen so selbstverständliche Handwerk erst von der Picke auf lernen muss; Verachtung, weil er ihnen fremd und unheimlich bleibt, weil sie ihn *nur* für das nehmen, was er *auch* ist – ein Betrüger, vor dem man sich in Acht nehmen muss.

Die erste Zeit wird für Jakob schlimm, sehr schlimm gewesen sein. Doch wiederum lässt er sich nicht gehen, noch gibt er sich der Verzweiflung oder auch nur der Schwermut hin. Vergessen wir nicht: Der Schöpfer zeigte ihm im Bild der Himmelsleiter die Architektur des Seins. Wer solches Wissen besitzt, dem werden die Mechaniken nicht lange verborgen bleiben, die an und in seinem eigenen Dasein wirken. Jakob begreift sogleich, das Gott ihn durch Laban prüft, und dass er durch diese Prüfung reifen soll. Anstatt sich also zu wehren, heißt er die Umstände willkommen und fügt sich ihnen. Er versteht nun die Tücken seines eigenen Hochmuts. Zu sicher wähnte er sich im Besitz der göttlichen Gunst. Nun ist es Gott selbst, der ihn lehrt und diszipliniert. Gerade, weil er ihn liebt, züchtigt er ihn – um ihn zu retten, um ihn zu läutern, um ihn zu veredeln, zu endlich zu vervollkommnen.

Die Bausteine der religiösen Existenz

Wer in Jakobs Leben eine direkte Parallele im Verhältnis zu seinen Nachkommen, dem Volk Israel, und Gott erkennt, hat die hermeneutische Figur, die uns hier vorliegt, begriffen. Die Dialektik von Intimität und Entfremdung, von Erwählung und Abfall, von Prüfung und Segen, die die Beziehung Israels zu seinem Gott prägen wird, ist im Leben Jakobs in äußerst luzider Weise vorweggenommen. Es ist, als würde man den Bauplan einer Maschine oder die dramaturgische Struktur eines Schauspiels betrachten: Potentiale zeigen sich, die zwar noch nicht in die Wirklichkeit umgesetzt sind, aber sich später einmal mit zwingender Notwendigkeit in eben dieser oder jener Form manifestieren werden. Das Leben Jakobs verkörpert die Geschichte Israels von der Konstituierung des Volkes durch Erwählung bis hin zu seiner Vervollkommnung am Ende aller Tage.

Neben dieser ersten offensichtlichen Interpretationsebene gibt es noch eine zweite, etwas subtilere. Jakob steht sinnbildlich für den anhaltenden Kampf, das Werden und Zunichtewerden, des Glaubenden um und mit seinem Glauben an Gott. Man betrachte nur, seinen späteren Namen: Israel – Gott kämpft. Zweifel, Prüfung und Verlassenheit stehen den Phasen der Gewissheit, des Gesegnetseins und der Gemeinschaft antagonistisch gegenüber, sind Pole oder Extreme der spirituellen Geschichte eines Einzellebens unter dem Zeichen der Religiosität. Von daher ist von Jakob und den anderen Lieblingen Gottes zu lernen: Hoffnung und Durchhaltevermögen im Kampf mit und durch Gott. Neben Vertrauen und Wahrhaftigkeit sind diese die beiden wichtigsten Voraussetzungen für ein religiöses Leben.

Die Weisheit des Dulders

Welche Lehren zieht Jakob aus den toten sieben Jahren? Nun, er lernt Demut, lernt Kleinsein, gewiss. Doch darüber hinaus entwickelt er Potentiale, die für sein späteres Dasein als Stammesvater und Lehrmeister seiner Söhne, der Söhne Israels, bedeutsam sein werden: Er lernt die Arbeit und das Leben des einfachen Mannes kennen, lernt dessen Freuden und Mühen zu teilen und zu ertragen. Er hört die Sorgen der Hirten, ihre Nöte, ihre Wünsche – sie werden ihm selbst zu eigen. Schließlich lernt er seine Fähigkeiten in den Dienst der anderen zu stellen. Denn nach einer Weile beginnen die Hirten der Gegend Jakob als einen der ihren anzunehmen; es handelt sich hier um jene Kameradschaft von Männern, die die Härten des Alltags und die gegenseitige Abhängigkeit voneinander schmieden. Der Akzeptanz folgt der Respekt. Denn Jakob, nun einer der ihren, unterscheidet sich doch durch seine Klugheit von ihnen. Er ist beredet und sein Rat hat großen Wert. Manchen Streit mag sein Wort geschlichtet und manches Geschäft eingefädelt haben. Am Ende der sieben Jahre anerkennen die Hirten der Gegend Jakob als eine natürliche Autorität. Er hat sich um sie verdient gemacht. Die Gaben und die Gunst, die der Schöpfer ihm geschenkt hat, nutzte er zum Wohl der anderen – nun wird ihm diese Hinwendung mit...echter Liebe und Anhänglichkeit vergolten. Jakob versteht. Wie kann er auch nicht verstehen? Diese naive, leidenschaftliche und doch demütige, fast scheue Liebe, die man ihm nun entgegenbringt – ist es nicht genau die Art von Zuneigung, die sich Gott von ihm wünscht?

Nicht nur langweilig und leer waren die sieben Jahre, die man ihm abverlangte. Sie waren auch ein Zeitraum köstlicher Freuden. Es ist Rahels Anwesenheit, die selbst die dunkelsten Stunden der Prüfung überstrahlt. Eine Liebe, die sieben Jahre voller Mühen übersteht, muss sehr tief sein. Und tatsächlich bindet ein starkes Band die beiden jungen Menschen aneinander. Wie bitter-süß müssen sie die Nähe und gleichzeitige Ferne des anderen empfunden haben? Und wieder belehrt uns der Text, genauer: der Kontext, über das Wesen echter und wahrer Liebe.

Geduld und Zurückhaltung und Ernsthaftigkeit zeichnen das beiderseitige Verhältnis aus. Man belauert argwöhnisch den anderen. Ist der Lehrer zufrieden? Macht der Schüler Fortschritte?

Die sieben Jahre sind für Jakob wie ein Opfer, das er gerne, ja mit Freuden bringt. Diese fast fanatische Beharrlichkeit ist es, die auch Gott von Jakob erwartet, die er später von Israels Kindern erwarten wird – oft enttäuscht man ihn – und die er von jedem erwartet, der sich für ihn entscheidet. Es ist der Preis, der zu zahlen ist: Beharrlichkeit, Durchhaltevermögen! Sieben Jahre sind eine Ewigkeit für einen jungen Mann, der auf seine Gefährtin wartet. Kaum zu ermessen sind die erotischen Tantalusqualen, die Jakob manche Nacht wird erduldet haben müssen, wenn er in Labans Haus nur wenige Meter von Rahel entfernt lag – schlaflos, wie sich versteht, und geplagt von den schwülen Bildern einer versprochenen Zukunft. Und ja, auch hier zeichnet sich eine Paralle. Denn auch Gott ist nah und fern, die Liebe zu ihm ist erfüllend und verzehrend. Der Glaubende sehnt sich nach ihm, dem Schöpfer. Sein Angesicht will er schauen und seinen Atem auf sich spüren. Er *weiß* um den Ewigen, den Freund. Er sieht dessen Zeichen in der Welt und das wunderbare Wirken seiner Hand bleibt ihm nicht verborgen. Und doch ist Gott immer auch unverfügbar, beizeiten sogar fremd und...feindselig. Der Liebende, man kennt es, ist übersensibel, was den Gegenstand seiner Zuneigung angeht. Wenn Rahel einmal nur mit knappen Gruß an ihm vorübergeht, leidet Jakob tausend Qualen der Ungewissheit, des Zweifels, glaubt sich verstoßen, verraten. Mit Mühe nur kann er Zorn und Trauer in seiner Brust begraben, die Augen vor den Ungewissheiten und die Ohren vor den üblen Einflüsterungen der Seele schließen: Nimm dir ein anderes, leichter verfügbares Mädchen – d.i. religiös gewendet: Wende dich einem Götzen zu, wenn Gott auf sich warten lässt. Jakob widersteht der Versuchung: Er hofft und streitet weiter.

Rahel wird zur ultimativen Prüfung von Jakobs Liebeskraft. Er besteht sie indes, besteht sie großartig und wächst an ihr, wächst ins Ungeheuerliche, wächst ans Herz der und des Geliebten. Und auch wir werden, gleich Jakob, belohnt, wenn wir jenen kleinen-großen Vers lesen dürfen, der hochverdichtet das Bekenntnis jedes Menschen in sich ausdrückt, der je geliebt hat (Gen 29,20): „So diente Jakob um Rahel sieben Jahre, und es kam ihm vor, als wären's einzelne Tage, so lieb hatte er sie."

Die Fallstricke des glaubenden Herzens: Hochmut und Demut

Endlich ist es soweit. Die Frist verstreicht und die Erfüllung des Versprechens naht. Was Jakob nicht weiß: Die Zeit der Prüfung ist noch nicht vorüber, eine letzte, große Lektion steht noch an. Es geht um Wahrhaftigkeit – im sehr wörtlichen Sinne. Im Denken und Begreifen Jakobs erscheint Rahel stets als Teil der Verheißung. Wie Sand will Gott den Liebling machen, d.h. seine Zahl mehren (Gen 28,14). In der Folge und im hermeneutischen Kontext dieses Versprechens trifft er im Lande Haran auf Rahel, seine Kusine. Als Verwandte steht die junge Frau in einer Beziehung zu ihm, die eine Ehe nach dem Wunsch der Mutter begünstigt. Zu den korrekten formalen Voraussetzungen kommt Rahels Schönheit (Gen 29,17) und Jakobs überwältigende Verliebtheit (Gen 29,11). Addiert man diese Dinge, wird sogleich verständlich, warum Jakob in dem festen Glauben steht, Rahel wäre ihm nicht von Laban, sondern von Gott gegeben worden. Entsprechend versteht er den abverlangten Dienst als Opfer im rituellen Sinn – der wahre Brautvater und Vertragspartner ist nicht der Onkel, sondern Gott, der sich Labans nur bedient.

In dieser Konstellation liegt die Sünde des Hochmuts in höchster, da subtilster Abstraktion vor. Ihre konkrete Gestalt ist der Vertrag. Denn Jakob glaubt – es ist ihm eine Gewissheit – das Laban sich an den Vertrag halten *muss*, weil Gott sich an seine Verheißung halten *wird*. Jakob projiziert also ein zwischenmenschliches Moment in seine Beziehung zu Gott hinein, was diese vermenschlicht und so ihrer Reinheit, Unschuld etc. beraubt. Der Schöpfer verliert seine Souveränität, wenn er sich durch einen Vertrag zwischen zwei Menschen binden lässt.

Gott wird diese irrtümliche und nicht ungefährliche Verknüpfung der heiligen mit der profanen Sphäre durch einen letzten, gehörigen Schreck auflösen. Er macht dem Liebling sehr klar, dass er alleine es ist, der über das Wann und Wie der Verwirklichung seiner Verheißung entscheidet. Jakob muss lernen, dass Gott unverfügbar und unberechenbar bleibt und dass seine Zuwendung keiner Notwendigkeit folgt, sondern stets ein freiwilliger Liebesakt ist. Diese Erfahrung wird die charakterliche Entwicklung seines Lieblings vollenden.

Betrachten wir die ganze Szene nun aus der Sicht Labans: Dass das Schlitzohr an der Arbeitskraft und Hilfe des begabten Neffen großen Gefallen gefunden hat, steht außer Frage: Jakob ist gesegnet. Alles, was er beginnt, gelingt. So ist sein Wirken im Haushalt des Onkels für jenen äußerst vorteilhaft. Die Anwesenheit des Verlobten seiner Tochter macht aus ihm einen wohlhabenden Mann; Laban wird zum Nutznießer der göttlichen Privilegierung Jakobs. Das Vermögen, des Jakob später, wenn er mit Frauen und Kindern in die alte Heimat zurückkehrt, als Lohn für seine Dienstzeit nimmt, extrahiert er aus dem Eigentum des Onkels, welches sich unter seiner Führung – zuerst als Verlobter, dann als Schwiegersohn und Ehemann der Töchter – bedeutend vermehrt hat (Gen 30,29-30). Jakob ist ein wahrer Goldesel. Dieser Grund alleine mag nun hinreichend sein, Labans Motiv für den Betrug zu erklären, aber – wieder wechseln wir die Perspektive – nicht er ist der eigentlich Handelnde in diesem Narrativ. Vielmehr ist er nur ein Statist in einem anderen, weit größeren Liebesdrama.

Indem Jakob in Laban einen Mittler Gottes und in dem Vertrag mit ihm, die Manifestation der göttlichen Verheißung erblickte, wurde er in gewisser Hinsicht ein...Götzendiener. Freilich ist keine vorsätzliche Schuld an Jakob festzustellen. Er irrt – dass ist alles. Seine Liebe blendet ihn. Niemals während der sieben Jahre hat sich sein Herz je von seinem Schöpfer abgewendet. Doch gerade das Übermaß an Zutraulichkeit musste einen Keil zwischen Gott und seinen Liebling treiben, den der Ewige nun beseitigen muss, bevor er sein Versprechen Jakob gegenüber endgültig erfüllen kann. Woher kommt aber diese fatale Zutraulichkeit Jakobs? Sie wuchs aus der Reue des Gedemütigten: Das gestrafte Kind bettelt um Verzeihung, seine Tränen sind verflüssigte Verzweiflung, die ein vorangegangener jäher Liebesentzug hervorbrachte und dem sie nun entgegenzuwirken suchten. In dem Moment, da Jakobs Hochmut scheinbar gebrochen wurde, entstand ein Vakuum in seiner Seele, welches durch eine naive Liebe, eben: Zutraulichkeit, ausgefüllt wurde. Nun ist diese an sich wünschenswerte Form der Liebe, diese absolute Liebe, die absolut vertraut, nicht ohne Tücken. Jemand, der so liebt, bedankt sich für jeden Tritt, jede Beleidigung, jede Demütigung. In jeder Strafe erblickt er die Zuwendung des Geliebten. So macht er sich klein und erbärmlich – würdig bestraft zu werden. In dieser Gestalt erscheint die vorgetragene *Demut* als negativer Hochmut. Während sich der im Hochmut Gründende etwas auf sich selbst einbildet, bildet sich der Negativ-Hochmütige etwas auf sich selbst ein, weil er sich einbildet, unwürdig zu sein, würdig der Straf also, die in dieser Konstellation ein negativer Liebesbeweis ist.

Denken wir an den Spiegel, an das Abbild, in dem Gott sich selbst zu erblicken sucht. Wird er Freude an einem winselnden und sich in seiner Jämmerlichkeit gefallenden Jakob haben? Gewiss nicht. Daher kann die Demütigung, die Erniedrigung nicht Ziel, sondern nun temporäres Mittel zur Belehrung Jakobs sein. Auch stellten wir ja fest, dass die Züchtigung durch Gott keineswegs den wilden und spitzbübischen Charakter Jakobs zerstören sollte, sondern nur jene Kanten und Ecken schleifen, die den Glanz der geliebten Seele vernebelten.

Wenn der Ewige Jakob also aufs Kreuz legt, indem er Labans Streich nicht hindert, ja vielleicht sogar begünstigt, so tut er dies, um ihn mit einem Paukenschlag aus dem hypnotischen Zustand des demütigen Wartens und Ausharrens, also einer an Lethargie grenzenden seelischen Passivität zu wecken.

„Wach auf Jakob!" mag er gerufen haben. „Wieso hast du mich in Versuchung geführt, indem du deinem Herz sagtest, HaShem versprach mir Rahel und er wird sein Versprechen halten? Weil du so dachtest, machtest du dich mir gleich. In dieser Sache wurdest du dein eigener Gott, weil deine Liebe wähnte, mein Handeln bestimmen zu können. Du wolltest mich mit Tränen bestechen, du wolltest deine Worte aus meinem Mund hören."

Ja, Jakob führte Gott in Versuchung als er Rahel als Teil und Medium der Verheißung interpretierte und den Pakt mit Laban als Erfüllung eines Gelübdes. Nun aber, als ihn Laban betrügt, erkennt er, dass ein Unterschied besteht zwischen Gott und Mensch, zwischen dem Schöpfer und ihm. Einer ist Herr, einer Knecht – die Beziehung, so innig sie auch sein mag, steht am Ende doch immer unter einem hierarchischen Vorbehalt; Geschöpf und Schöpfer sind nicht eins und dürfen nie eins werden. Dass Gott seine Versprechen erfüllt, wie er es will, nicht wie Jakob es gerne hätte, beurkundet eine Tatsache, die Jakobs Liebe irriger Weise zu überwinden suchte.

Zusammenfassend ist Folgendes festzustellen: Jakobs Liebe schlägt nach zwei Richtungen über die Grenze der Angemessenheit.

(1) Sein Hochmut versucht den Unterschied zwischen Schöpfer und Geschöpf auf Seiten des Geschöpfs aufzulösen. Der Hochmut nämlich lässt das Geschöpf glauben, es würde um seiner selbst Willen, d.h. um Willen eigener Verdienste geliebt werden, was freilich in der Beziehung Gott-Mensch unmöglich, da schlicht blasphemisch ist.

(2) Die Demut versucht dagegen den Unterschied zwischen Schöpfer und Geschöpf auf Seiten des Schöpfers aufzulösen. Die Demut unterstellt nämlich dem Schöpfer, dass seine Liebesfähigkeit unendlich ist, und dass auch und gerade die Strafen in Wahrheit Akte der Liebe sind. Die Strafe wird zur Prüfung umgedeutet und darin das souveräne Handeln Gottes permanent in Frage gestellt. Falsche – in Jakobs Sinn: übermäßige – Demut ist die Waffe des Bettlers, der seine Erbärmlichkeit schamlos zur Schau stellt, um das Mitleid seiner Mitmenschen zu *erzwingen.* Die Sünde in diesem Verhalten wird unendlich potenziert, wenn der Bettler selbst seinen Zustand als Folge der Erwählung betrachtet und sich selbst in seiner Widerwärtigkeit existentiell konstituiert, wie Jakob dies

getan haben mag.

Das Beben

Die Psychologie hinter dem Ereignis haben wir aufgezeigt. Es bleibt nun noch den Einschlag auf Jakobs Befindlichkeit zu untersuchen. Die Geschichte des labanischen Betrugs ist schnell erzählt. Nach den sieben Jahren verlangt Jakob die Einlösung des Heiratsvertrages. Der Onkel stimmt sogleich zu. Man macht Hochzeit, ein großes Fest wird ausgerichtet, Laban lässt es an nichts fehlen. Die Bräute jener Zeit darf man sich nicht anders als voll verschleiert vorstellen. Jakob weiß also nicht, wen er am Ende des exzessiven Festes unter allerlei Segenssprüchen und wohlmeindenden, gewiss auch pikanten Ratschlägen in seine Kammer führt. Die Dunkelheit des Ehegemachs, die Nervosität der ersten Nacht, Jakobs überspannte Stimmung und schließlich die beiderseitige Unerfahrenheit in Fragen körperlicher Liebe verhindern die Aufdeckung des Betrugs bis zum nächsten Morgen. Dann aber fällt es dem Jüngling wie Schuppen von den Augen. Neben ihm liegt die wenig attraktive Schwester der schönen und heiß begehrten Rahel – Lea. Der Vers, der diese für Jakob zweifellos erschütternde Entdeckung umschreibt, könnte pointierter kaum verfasst sein (Gen 29,25): „Am Morgen aber, siehe, da war es Lea."

Jakob protestiert sogleich beim Schwiegervater (Gen 29,25): „Warum hast du mir das angetan? Habe ich dir nicht um Rahel gedient? Warum hast du mich denn betrogen?" In diesen Fragen schwingen Verzweiflung, Scham und unverhohlene Wut mit. Gegen wen aber richtet sich sein Zorn? Gegen Gott zuerst, da er sein Versprechen offensichtlich gebrochen hat. Dann aber, als Jakob die Lehre aus dieser Schmach begreift, als er begreift, er selbst war es, der mit falscher Demut den Schöpfer aller Dinge herausforderte, schlägt sein Zorn auf ihn selbst zurück. Er lernt seine Lektion und wird sie von diesem Tage an nie wieder vergessen: Gott alleine agiert, er hat das letzte Wort und er wird auf seine Weise erfüllen, was er versprochen hat.

Nun ist Jakob wirklich geläutert. Sowohl der Hochmut als auch die falsche, kriecherische Demut fallen von ihm ab – er wird er selbst: stark, selbstbewusst und dabei ein Freund und Vertrauter Gottes. Sein Liebe wandelte sich von der Zuneigung des hochfahrenden Geschöpfs über die kritiklose Anhänglichkeit des Kindes zur reifen und respektvollen Liebe des Mannes, der in der ultimativen Überlegenheit des anderen erst den eigenen Wert erkennen und würdigen kann: Imago dei.

Kehren wir zurück zur Szene. Der Moment der Anklage und des bitteren Begreifens sind verstrichen. Nur wenige Sekunden währt das Beben, das Jakobs Traumschlösser zu Staub zermalmt, da nimmt sich Gott wieder seiner an und wendet sein Glück.

Laban entgegnet den Vorwürfen seines Neffen lakonisch (Gen 29,27): „Es ist nicht Sitte in unserm Lande, dass man die jüngere weggebe vor der älteren." Doch sofort fügt er das erlösende Wort hinzu: „Halte mit dieser [Lea] die Hochzeitswoche, so will ich dir die andere auch geben..." Laban wäre indes nicht der, der er ist, wenn er seinen eigenen Vorteil in dieser Sache nicht im Augen behalten würde. Er fügt hinzu: „...für den Dienst, den du bei mir noch weitere sieben Jahre leisten sollst."

Familiensorgen

Freilich: Die sieben Jahre, die nun folgen, werden für Jakob weit weniger Prüfung sein, als die sieben vorangegangenen. Der Fokus des Textes verschiebt sich nun auf das Familienleben, auf die Frauen und Nebenfrauen Jakobs und das Werden des Hauses Israel – eine Geburt nicht ohne starke Wehen und Komplikationen.

Das Konstrukt der Familie Jakobs steht von vorn herein unter starken Spannungen. Immer wieder treten Rivalitäten und Animositäten auf, die überwunden werden müssen. Doch gerade diese Spannungen sind es, die den Verbund in seiner Ganzheit beständig und elastisch machen – unabdingbare Voraussetzungen für ein Volk, das mehr als jedes andere in seiner Geschichte geprüft werden wird.

Betrachten wie zunächst die wichtigsten Spannungsfelder: Da sind die zwei Schwestern: Lea, die Ältere, und Rahel, die Geliebte.

Lea ist wenig attraktiv, dafür kräftig und zäh. Die Liebe, die sie Jakob entgegenbringt, ist von ganz bäuerischer Natur; sie fußt auf dem Prinzip wechselseitigen Gebens und Nehmens, das durch die urnatürlich-hierarchische Bezogenheit von Mann und Frau geregelt wird (Gen 3,16). Jakob behandelt Lea als seine legitime Partnerin und er macht ihr Kinder – der ganze Stolz für eine Frau wie sie. Dafür übernimmt sie mit unermüdlicher Tatkraft die Aufgaben des Haushalts und der Kinderpflege. Ihre robuste, eindimensionale Persönlichkeit spiegelt sich in der weitgehenden, charakterlichen Homogenität ihrer Söhne wider: Wieder fungiert das Geschöpf als Abbild seines Erzeugers. Leas Söhne... Rohe Burschen sind das, deren Sinn ganz auf das Hier und Jetzt gerichtet ist, auf die Mehrung des materiellen Wohlstands, auf das Unmittelbare und Naheliegende im Denken und Tun. Moralische oder religiöse Zweifel plagen sie kaum und wenn, so nur unter dem Aspekt der Furcht vor dem Vater und vor der Strafe im Allgemeinen. Esau hätte sie gemocht, diese Söhne, Jakob aber bleiben sie Zeit seines Lebens fremd.

Ganz anders ist Rahel: Schön, intelligent, aber auch hochmütig und gerissen. Eine wahre Tochter Labans, doch ungleich feiner und zerbrechlicher als ihre Verwandten. Diese Paarung aus Schlauheit, Liebreiz, eleganter Weichlichkeit und fast snobistischer Arroganz finden wir in ihren Söhnen Benjamin und Josef abgebildet.

Rahel bringt Bilha als Magd mit in die Ehe, bei Lea ist es Silpa – später werden sie Jakobs Nebenfrauen.

Wenig ist für eine junge Frau bitterer als unerwidert

lieben zu müssen. Lea liebt Jakob, das steht außer Frage. Aber es ist die Liebe einer einfachen Frau; simple Zuneigung, die sich auf der Ebene der Alltäglichkeit abspielt und sich in wenigen trivialen Gesten erschöpft – eine warme Mahlzeit, ein Kuss, ein Lächeln. Es ist die Liebe, die einen Esau erfüllt haben würde; für Jakob aber ist das nicht genug. Dementsprechend erwidert er Leas Gefühle nicht. Sie bedeutet ihm schlichtweg nichts, wenn er auch das Bett recht oft mit ihr teilt – Lea wird, was das körperliche angeht, weit weniger kompliziert gewesen sein als Rahel, die umgarnt und liebkost werden möchte.

Die Zurückweisung Leas und die Bevorzugung Rahels durch Jakob erzürnen Gott. Nicht um Leas Willen greift er ein, sondern wegen Rahel, die sich als die wahrhaft Geliebte Jakobs begreift und damit in Konkurrenz zu Gott selbst steht. In dem er Rahel unfruchtbar macht, Lea aber mit Kindern segnet, straft er freilich auch Jakob, dem das Leid Rahels näher geht als die Freude über seine Söhne mit Lea.

Dass Leas Fruchtbarkeit keineswegs ein ausdrücklicher und konditionsloser Segen für sie selbst darstellt, sondern vielmehr Instrument der Demütigung ihrer Schwester ist, erfahren wir aus den Sinnsprüchen, mit denen sie die Geburt der Söhne kommentiert:

Gen 29,32: „Der HERR hat angesehen mein Elend, nun wird mich mein Mann liebhaben."

Gen 29,33: „Der HERR hat gehört, dass ich ungeliebt bin, und hat mir diesen [Sohn] auch gegeben."

Gen 29,34: „Nun wird mein Mann mir doch zugetan sein, denn ich habe ihm drei Söhne geboren."

Leas Wunsch von Jakob geliebt zu werden, bleibt offensichtlich unerfüllt, obgleich sie doch alles für ihn tut, was sie kann – sie gebiert ihm kräftige Söhne. Man mag mit Lea Mitleid haben, gleicht sie doch einem zu Unrecht geschlagenen, nichtsdestotrotz treuen Hund in ihrem Elend. Aber – dies ein Vorzug ihrer grobgewobenen Persönlichkeit – ihr Leiden geht nicht allzu tief. Mit der Geburt des vierten Sohnes betrachtet sie sich vorübergehend als entschädigt und konstatiert lapidar

(Gen 29,35): „Nun will ich dem HERRN danken."
Danach hört sie schlichtweg mit dem Gebären auf. Sie hat genug getan, um Jakobs Liebe zu verdienen. Wenn er sie ihr weiterhin verweigert, nun, dann soll es eben nicht anders sein; ihr bleiben die Kinder und die sind ihr auch genug.

Nun darf aber Rahels eigener Hochmut an dieser Stelle auch nicht übersehen werden; wer weiß, wie oft sie die hässliche Schwester mit Jakobs unerschütterlicher Liebe zu ihr gereizt hat? Streitende Schwesterherzen! Rahels Qualen sind indes groß wie ihr Hochmut. Und ihre Bitternis nimmt mit jeder neuen Schwangerschaft ihrer Schwester noch zu. Nicht genug, dass sie die *zweite* Frau Jakobs werden musste, obgleich sie die einzig Geliebte war, nun muss sie auch noch mit ihrer eigenen Unfruchtbarkeit fertig werden.

Neid und Verzweiflung fressen an ihr und endlich geht sie wutentbrannt, eine Furie in ihrem Schmerz, zu Jakob und verlangt (Gen 30,1): „Schaffe mir Kinder, wenn nicht, so sterbe ich." Eine glatte Erpressung. Rahel spielt auf der Klaviatur der Liebe Jakobs, wenn sie mit ihrem Tod droht. Doch sie übertreibt es, sie überspannt den Bogen. Ihr Neid und ihr Zorn machen sie für Jakob hässlich. Die zarte, lächelnde Rahel liebt er, nicht die nörgelnde, unzufriedene. Sensible Charaktere wie Jakob ertragen nicht gut die Spitzen und Dornen, die auf der erzürnten Zunge einer Xantippe wachsen. Ihre Forderung verletzt ihn umso mehr, als sie seine Manneskraft in Frage stellt. „Schaffe mir Kinder..." Ist es etwa seine Schuld, wenn sie nicht schwanger wird? Gewiss nicht. Nicht an der Saat liegt es, sondern am Acker; man mag nur Lea ansehen! Verständlich also ist der Trotz und die Wut Jakobs, wenn er Rahel anfährt (Gen 30,2): „Bin ich doch nicht Gott, der dir deines Leibes Frucht nicht geben will."

An diesem Satz wird deutlich, wie gut Jakob die Situation einzuschätzen weiß: Was Rahel widerfährt, bzw. nicht widerfährt ist Gottes Tun. Jakob hat die erhaltene Lehre nicht vergessen. Deutlich stellt er vor Rahel und indirekt natürlich auch vor Gott heraus, dass er sich keinesfalls mit dem Höchsten vergleicht, der allein und souverän Herr über Leben und Tod ist.

Nun löst aber die jähe Zurückweisung Rahels nicht das Problem und ein Problem ist ihre Kinderlosigkeit im familiären Kontext zweifellos. Der Haussegen hängt schief. Lea triumphiert, Rahel leidet und ist bitter. Jakob findet sich zwischen den Fronten gefangen. Rahel liebt er, aber Lea fühlt er sich verpflichtet. Er ahnte, dass sein ungerechtes Verhalten der älteren Schwester gegenüber teilweise auch für Rahels Unglück schuldig ist – Gott vergilt Unrecht oft mit Kinderlosigkeit, man denke nur an die unheimliche Szene zwischen David und Michal, Sauls Tochter (2.Sam 6,23).

Lea ist nach allen Seiten unschuldig. Für ihr Äußeres kann sie nichts, für ihre bäuerische Natur kann sie nichts, und auch daran, dass der Vater sie Jakob gegeben hat und jener sie verständlicherweise nicht liebt, trägt sie keine Schuld. Aber wie kann ein Mann sein Herz bezwingen, ohne zum Heuchler zu werden?

Ein riskanter Plan

Rahel selbst ist es schließlich, die eine gangbare Lösung vorschlägt: „Siehe, da ist meine Magd Bilha; geh zu ihr, dass sie auf meinem Schoß gebäre und ich durch sie zu Kindern komme." Dieser Vorschlag hat es in sich. Man fühlt sich sofort an jene unerfreuliche Episode mit Abraham und Hagar erinnert, die sich unter sehr ähnlichen Vorzeichen ereignete. Dieser Urmythos ist für Jakob eine lebendige und gar nicht so weit zurückliegende Wirklichkeit – er ist alarmiert. Muss nicht die Wiederholung des Fehlers wider besseren Wissens den Zorn Gottes hervorrufen? Auf der anderen Seite tut es ihm um Rahel leid, die er liebt und die er nur zu gerne zur Mutter *seiner* Kinder machen würde.

Der Text schweigt über die Zweifel, die Jakob gewiss hegte. Dass er zustimmt, lässt sich nur aus der Doppelbödigkeit der Verheißung Gottes heraus begreifen, einer Paradoxie, die der Glauben alleine aufzulösen vermag.

Betrachten wir die Urversion der hier vorliegenden Figur – das wäre Abraham und Sara. Sara ist kinderlos. Abraham wird von Gott versprochen, Vater einer zahlreichen Nation zu werden. Weil Sara trotz dieses Versprechen kinderlos bleibt – sie ist bereits in den Jahren jenseits der Fruchtbarkeit – beschließt sie, ihrem Mann ihre Sklavin Hagar zur Frau zu geben. Damit forderte sie Gott heraus, weil sie seine Macht, die Verheißung wahr zu machen, in Frage stellt – sie versuchte Gott, indem sie an ihm zweifelte. Die Folgen fielen entsprechend katastrophal aus, wie wir wissen.

Der zweite hermeneutische Boden dieser Figur – dankenswerterweise von Sören Kierkegaard, einem der brillantesten religiösen Denker überhaupt aufgeklärt[1] – findet sich in der Erzählung von der Versuchung Abrahams. Nachdem Sara Isaak geboren hat, verlangt Gott von Abraham, ihm eben diesen Sohn, den Sohn der Verheißung, zu opfern – eine Prüfung des Glaubens, ein Test, ob Abraham aus der Geschichte mit Hagar gelernt hat. Abraham gerät in einen Zwiespalt, den seine Vernunft unmöglich lösen kann: Gott hat ihm versprochen, Vater eines zahlreichen Volkes zu werden. Nun aber fordert er von ihm den einzigen – siehe (!), der Text sagt explizit „einzigen" (Gen 22,2) – Sohn. Stirbt Isaac auf dem Altar, so bräche Gott sein Versprechen, was er aber nicht tun wird (Num 23,19). Befolgt Abraham den Befehl nicht, versündigt er sich gegen Gott, befolgt er ihn aber, so bricht er Gottes Verheißung, bzw. er steht im Glauben, den Plan Gottes durchkreuzen zu können – ein weitere Aspekt des Paradoxes. Die Sache ist also ganz unmöglich, wenn man sie nur durchdenkt.

Abraham überwindet den Zweifel durch den Glauben. Sein Glaube an Gott erzeugte das Paradox, nun löst er es auch auf: Er ist bereit, Isaac zu opfern, weil er weiß (!), dass Gott das Opfer nicht verlangen wird. Dieses *Wissen* ist kein rationales Wissen, keine Berechnung. In diesem Fall wäre die Opferung nämlich selbst Blasphemie. Sie

---

1 Die entsprechende Schrift heißt: Furcht und Zittern.

wäre der Form nach eben eine Versuchung Gottes, nicht Abrahams: man verlässt sich auf ein Versprechen, man handelt dementsprechend mutwillig und fahrlässig, um die Vertragstreue des anderen zu prüfen (die gleiche Figur liegt vor bei der Versuchung Jesu in Mt 4,5-7). Nein, Abrahams Wissen ist *Gewissheit*, d.h. Vertrauen in und auf Gott ohne dabei dessen Souveränität in Frage zu stellen.

Auf der Basis dieses Urfigur lässt sich nun der Bogen zu Rahels Vorschlag und Jakobs Annahme desselben zurückschlagen. Jakob stimmt der Ehe mit Bilha zu, weil er Gewissheit hat, dass der Schöpfer aller Dinge ihm in dieser Angelegenheit keine Falle stellt, sondern vielmehr seine Verheißung zu erfüllen sucht.

Die Sache geht dann auch gut aus. Bilha wird zweimal schwanger und gebiert planmäßig für ihre Herrin. Dass ein Tropfen Bitternis in jener übrigbleibt, erkennen wir aus den Sinnsprüchen, die die Geburt der Söhne Dan und Naftali begleiten. Bei Dan sagt sie (Gen 30,6): „Gott hat mir Recht verschafft und mich erhört und mir einen Sohn gegeben." Gott wird hier als Richter angerufen, der in einem Streit zwischen den Geschwistern entschieden hat – ein Streit, der in Wahrheit gänzlich einseitig ist, der sich faktisch nur im neiderfüllten Herzen Rahels abspielt. Naftalis Geburt kommentiert sie noch giftiger, ja geradezu feindselig (Gen 30,8): „Über alle Maßen habe ich gekämpft mit meiner Schwester, und habe gesiegt."

Dieser Spruch reißt nun Lea aus der trägen Lethargie, in der sie das Gros ihrer Tage zufrieden zu verbringen pflegt. Sie wird geradezu gezwungen, den Kampf mit Rahel aufzunehmen, deren aggressives Verhalten sie bis dahin bestenfalls mit Unverständnis quittierte.

Der Krieg der Gebärenden – die Geburtswehen eines Volkes

Es folgt nun, was man einen Krieg der Gebärenden nennen könnte, eine wüste Erruption des Lebens, der ungebändigten Vitalität. Wir haben in Jakob den Urvater der Israeliten vor uns. Seine zwölf Söhne sind die Stammväter der zwölf Stämme. Dieses Volk, das aus Jakobs Samen erwächst, hat sich Gott als Erbteil auserwählt. Weder können also die beteiligten Personen, noch die Umstände der Entstehung Israels in irgendeiner Weise als trivial begriffen werden – die Tora arbeitet anders, wie wir gesehen haben. Vielmehr wird in Gestalt eines Familiendramas die Geschichte und das Wesen des hieraus erwachsenden Volkes antizipiert. Wer den Text für sich sprechen lässt, wundert sich kaum, warum in den folgenden Bücher der Tora und des Tanachs die Dinge sich entwickeln wie sie sich entwickeln – an der Saat erkennt das geübte Auge die bereits vollendete Gestalt des Gewächses. Diese Teleologie ist die Grundlage er biblischen Prophetie.

Nachdem Bilha für Rahel zwei Kinder geboren hat – Jakob ist jetzt Vater von sechs Söhnen –, schickt Lea ihre Magd Silpa ins Rennen. Aus dieser Verbindung entstehen erst Gad, dessen Sinnspruch kaum schöner die naive Freude Leas ausdrücken könnte: „Glück zu!" Danach erblickt Asser das Licht der Welt. Lea kommentiert: „Wohl mir, denn mich werden selig preisen die Töchter." Gemeint sind hier die Frauen der Gegend.

An dieser Stelle findet sich ein kleiner Einschub, der uns zum Zeugen der geschwisterlichen Rivalität macht. Ruben, Leas Sohn, sammelt einige Früchte ein. Um was es sich genau handelt, wissen wir nicht – vielleicht Tomaten, wahrscheinlicher scheint aber die Frucht der Alraune, aus der man ein Aphrodisiakum oder einen Fruchtbarkeitstrank herstellen kann. Als er seiner Mutter die Früchte geben will, ist Rahel anwesend. Sie verlangt von Lea einen Anteil. Diese erwidert verärgert (Gen 30,15): „Hast du nicht genug, dass du mir meinen Mann genommen hast, und willst auch die Dudaim meines Sohnes nehmen?" Dieser kurze Wortwechsel gibt uns einen sehr intimen Einblick in das Familienleben im Hause Jakobs. Offensichtlich berührt ihr Ehemann Lea nicht mehr, was dieser zu schaffen macht. Obwohl sie und ihre Magd Jakob sechs Söhne geboren haben, verweigert er ihr nicht nur die Liebe, sondern auch den Beischlaf. Ob Rahel in irgendeiner Weise dahinter steckt, können wir nicht wissen. Ihr unverhohlenes Interesse an den Dudaim zeigt uns jedoch deutlich, wie verzweifelt sie selbst um Kinder bemüht ist.

Lea dagegen braucht keine Hilfsmittel. Fruchtbar ist sie wie eh und je, willig zu empfangen und bereit zu gebären. Sie schließt also einen Handel mit der Schwester – die Früchte gegen eine Nacht mit Jakob. Da Rahels Erlaubnis ausdrücklich vorliegt, ist auch Jakob einverstanden. Die Folgen dieser Liebesnacht überraschen nicht: Lea, die ewig fruchtbare, wird schwanger (Gen 30,17). Sie kommentiert die Geburt des Sohnes (Gen 30,18): „Gott hat mir gelohnt, dass ich meine Magd meinem Mann gegeben habe." Bei dieser einzelnen Liebesnacht bleibt es nicht. Ob es Leas Fruchtbarkeit oder Rahels Bitternis ist, die Jakob ins Bett der ungeliebten – wohl aber hoch geschätzten und respektierten – Frau treibt, ist unklar. Lea wir ein sechstes Mal schwanger. Sie spricht (Gen 30,20): „Gott hat mich reich beschenkt; nun wird mein Mann doch bei mir bleiben; denn ich habe ihm sechs Söhne geboren." Lea begreift noch immer nicht, dass Liebe nicht käuflich ist. Sie kann es schlicht nicht begreifen, es übersteigt ihren Horizont. Außerdem spricht aus ihr die schiere Angst, verstoßen zu werden – eine irrationale Furcht, die aus dem groben Unverständnis der ganzen Situation heraus erwächst. Es geht ihr bei der Liebe Jakobs viel weniger um die zwischenmenschliche Zuneigung – für die sie ohnehin keinen Sinn besitzt –, als um die rechtliche Sicherung ihres Status. Sechs Söhne hat sie dem Jakob geboren, acht, wenn man die beiden Kinder ihrer Magd dazurechnet. Doch immer noch hängt ihr Mann mit seinem ganzen Herzen der unfruchtbaren und ihr gegenüber feindselig gestimmten Schwester an. Begreifen kann sie es nicht, aber sie nimmt es hin; das Heer ihrer Söhne rechtfertigt sie – dies augenfällig auch vor Jakob, denn er besät, wenn auch lustlos, den ewig fruchtbaren Acker ihres Fleisches.

Leas letztes Kind ist ein Mädchen, Dina, eine

sonderbare und tragische Gestalt. Sie wird zur zentralen Figur der Katastrophe vor Sichem.

Mit Dina hat Leas Fruchtbarkeit ihr Ende gefunden. Auch die Mägde gebären nicht mehr. Einen kurzen Augenblick kehrt nun Ruhe ins Haus ein. Die Familie, so scheint es, ist vollzählig. Rahel mag in diesen Tagen sehr still geworden sein. Zehn Söhne und eine Tochter hat Jakob; und sie hat zu diesem Segen nichts anderes beizutragen vermocht, als die Fruchtbarkeit ihrer Magd. Auch die Dudaim und all die Tricks und Mittelchen, die jede verzweifelte Frau in ihrer Lage probiert haben würde, haben nichts genutzt. Der überspannten Verzweiflung und Bitternis so vieler Jahre folgt, wenn die Kräfte endlich nachlassen, Resignation, Apathie und Selbstaufgabe. Rahel richtet nicht mehr mit Jakob. Müde lächelt sie der Schwester zu. Und Gott? Auch ihn fordert sie nicht mehr heraus. Sie hat Demut gelernt. Wenn überhaupt, so spricht sie nur noch ganz leise zu ihm...

Der Schöpfer vergisst Rahel nicht. Endlich wird auch sie schwanger. Doch damit ist es nicht genug. Gott hat Freude daran, das Glück der Unglücklichen zu wenden und jenen große und übergroße Wohltaten zukommen zu lassen, die lange und schwer mit ihm gerungen haben. Rahels Zerknirschung nach all den Jahren des Widerstands gegen ihr Schicksal, hat Gottes Herz erweicht. Ihre jähe Zerknirschung wiegt den Gleichmut Leas auf. So wird Rahel denn auch mit Josef entschädigt, der unter den Nachkommen Jakobs zweifellos der schillerndste und bedeutendste sein wird – auch er ein Liebling Gottes, viel geprüft, geläutert und endlich in höchste Höhen erhoben. Rahels Sinnspruch zeigt die innere Veränderung deutlich an. Weder hetzt sie gegen die Schwester, noch zeigt sie sich bitter gegen die langen Jahre der Schmach. Ein einfacher Satz kommt von ihren Lippen, eine Feststellung, die in ihrer Tiefe erschüttert und zugleich beglückt, ein Lobpreis Gottes, dessen Reinheit geradezu schockierend wirkt (Gen 30,23): „Gott hat meine Schmach von mir genommen." Und gerade weil Gott dies getan hat, weil er seine Macht an ihr erwiesen hat, weil sich Rahel nun im warmen Schein seiner Liebe weiß, wagt sie, demütig und hoffnungsvoll zugleich, ihn zu bitten (Gen 30,24): „Der HERR wolle mir noch einen Sohn dazu geben." Er will, wenn auch etwas später in dieser Geschichte.

Der Charakter eines Volkes – den Spiegel gedreht

Die Tora arbeitet mit dem hermeneutischen Schlüssel von Wiederholung und Vertiefung. Bislang wendeten wir dieses Werkzeug immer rückblickend an. D.h. wir deuteten die uns interessierenden Figuren auf Basis ihrer Vorläufer. Man kann dieses Instrument freilich auch in die andere Richtung benutzten, wenn man dabei auch vorsichtig und sehr behutsam vorgehen muss, sind doch die Grenzen zwischen vernünftiger Prognose und gehaltloser Prophetie fließend.

Der Charakter des Volkes wird uns ab dem Buch Exodus offenbart. Es handelt vom Auszug Israels aus Ägypten. Am Fuß des Sinai werden sie von Gott als sein Erbteil ausgesondert und konstituiert, d.h. formal zu seinem Volk gemacht. Die späteren Bücher handeln von den Gesetzen (juristische Vollendung der Konstituierung), der Landnahme, der Zeit der Richter, der Könige, des Exils und der Rückkehr. Bemerkenswert ist, dass Israel sich trotz oder gerade wegen all der Belehrungen – manifestiert in den sich in mehreren Stufen entwickelnden Gesetzen –, die es von Gott durch Mose empfängt, in fast verbrecherischer Weise starrköpfig und aufmüpfig dem Bundesgeber gegenüber verhält. Die Geschichte Israels oszilliert zwischen Phasen der Anhänglichkeit an seinen Gott und des radikalen Abfalls bis hin zur offenen Apostasie. Das Verhältnis zu Gott ist ein leidenschaftliches, ein streitendes. Israel stirbt für Gott mit der gleichen fanatischen Liebe, wie es ihn zu schmähen und zu verletzen sucht. Das Prinzip der Verwirklichung von Verhaltensextremen prägt auch das Verhältnis zu den anderen Völkern. Entweder schottet man sich ab, tötet und vernichtet die Feinde, oder man verschwägert sich mit ihnen, übernimmt kritiklos Sitten, Gebräuche und Götter. Die Intensität der Auseinandersetzung mit Gott und den anderen Völkern hat seinen Ursprung in der Entstehung des Volkes selbst. Die Konkurrenz zwischen Lea und Rahel, ihr Streit um die Liebe und Anerkennung Jakobs, um ihre Postion in der Hierarchie des Hauses etc. – all dies findet seinen Niederschlag im Verhalten der Israeliten; jeder einzelne Abschnitt aus dem Lebenskontext der Ur-Familie besitzt ein oder mehrere Abbilder in der Geschichte der nachgeborenen Generationen; dabei sind diese Figuren niemals nur auf Handlungsabfolgen beschränkt, sondern sie spiegeln die Charaktere und Verhältnisse ihrer Urahnen gläsern und unverstellt wider. Aber davon soll im Folgenden nicht weiter gehandelt werden, der Hinweis alleine genügt an dieser Stelle.

Jakob will sein eigener Herr werden

Im zweiten 30. Kapitels, Vs. 25-43, erfahren wir, wie Jakob seinen Reichtum begründet und – wichtiger – ihn aus dem Vermögen Labans heraus trennt. Trickreich geht er vor und zahlt dem Onkel so auf amüsante Weise heim, was jener an ihm gefehlt hat. Wir müssen hier nicht weiter auf den Streich eingehen. Wichtig ist, dass Jakob sich von Laban lösen will. Zwanzig Jahre war er bei dem Onkel und machte aus dessen kleiner Besitzung eine sehr große. Zwanzig Jahre – das sind vierzehn für Lea und Rahel und sechs weitere freiwillige Jahre. Sein unmittelbarer Entschluss, nach Hause zurückzukehren, muss etwas mit Josefs Geburt zu tun haben, werden doch beide Ereignisse explizit miteinander in Verbindung vorgestellt (Gen 30,25). Vielleicht hat Jakob in jenen Tagen eine bestimmte Vorahnung, vielleicht spürt er, dass die Dinge im Wandel sind, das Großes und Größeres sich in Rahels Erstgeborenem ankündigt. Vielleicht plagen ihn aber auch Heimweh oder der sehr nachvollziehbare Wunsch, das Dienstverhältnis mit Laban zu beenden, um sein eigener Herr zu werden. Letzteres ist, wenn schon nicht eigentliche und ausschließliche Ursache, so zumindest doch der primäre Anlass des Weggangs überhaupt. Jakobs Streich mit Labans Herden, durch den er einen guten Teil von dessen Vermögen an sich gebracht hat, hat den launigen Onkel mehr als nur verstimmt (Gen 31,2): „Und Jakob sah das Angesicht Labans, und siehe, er war gegen ihn nicht mehr wie zuvor." Dazu kommt die Eifersucht der Söhne Labans – sie hetzen offen gegen ihren Schwager, wähnen sich von dem Fremdling um ihr Erbe betrogen (Gen 31,1).

Wieder tritt uns ein vorangegangenes Ereignis in gewandelter und vertiefter Gestalt entgegen: Schon einmal hat der Streit um ein Erbe Jakob zur Flucht veranlasst. Wir erinnern uns an den gestohlenen Segen und Esaus Zorn. Wir erinnern uns, wie die Hirten bei Esau vermutlich gegen den Fersenhalter, den Gauner, den Betrüger Stimmung machten – auch Esaus Angesicht mag in jenen Tagen nicht mehr wie zuvor auf den Bruder geblickt haben.

Die Parallelen und Abbilder liegen uns durchsichtig vor: Der Segen Isaacs, der Erbsegen, wird nun von der Herde Labans repräsentiert. Der vermeintliche Diebstahl stellt sich erneut als rechtliche Figur dar, die Jakob geschickt zu seinen Gunsten auszunutzen weiß. Denn Jakob ist trotz aller Raffinesse kein Dieb im Sinne des Wortes. Er ist ein rechtlicher, ein gesitteter Mensch, der seine geistige Überlegenheit in der gleichen Weise zu seinem Vorteil ausnutzt, wie Esau seine körperlichen Kräfte ins Feld werfen würde.

Wie dem auch sei, Jakob weiß, dass seine Tage beim Onkel so oder so gezählt sind. Selbst wenn er sich mit dem alternden Mann aussöhnen würde, blieben doch noch dessen Söhne, deren Feindschaft gegen ihn am Ende zweifellos zur Vertreibung – ohne materielle Kompensation versteht sich – oder zu noch Ärgerem führen wird. Ihre Intentionen, ihre Vorbehalte... Jakob weiß um die Finsternis im Herzen der Menschen, er versteht die drohenden Zeichen zu deuten und handelt entsprechend. (Spr 22,3)

Bevor er geht, tut er jedoch etwas recht Außergewöhnliches. Es zeigt, wie sehr sein Charakter gereift ist. Er ruft Lea und Rahel auf ein Feld abseits des Hauses, um mit ihnen vertraulich zu sprechen – vertraulich, weil er im Geheimen von Laban scheiden will und muss, um jede mögliche Eskalation mit dem Onkel und dessen Söhnen zu vermeiden. Hier erklärt er sich seinen Frauen. Es ist eine ungewöhnlich lange Rechtfertigungsrede, die vor Emotion nur so vibriert. Laban hat ihn betrogen, hat ihn wieder und wieder übervorteilt, hat seinen versprochenen Lohn geändert, kurzum: Er hat ihn grob ausgenutzt. Die Schliche mit der Herde ist in diesem Zusammenhang als Notwehr zu verstehen und wird durch eine Vision religiös untermauert (Gen 31,11-13). Offenkundig scheint sich Jakob durchaus bewusst zu sein, dass er in gewisser Hinsicht stiehlt, wenn dieser Diebstahl auch einer innerhalb der Grenzen des Rechts ist. Deutlich fallen hier das Rechtsverständnisse der religiösen und menschlichen Sphäre auseinander. Diese Unterscheidung ist zentral für die spätere Konstituierung der Gebote, die Mose den Israeliten verkünden wird: Es geht nicht einfach um die Kodifizierung irgendwelcher moralischer Standards, sondern um die Verwirklichung einer unveräußerlichen und unwandelbaren göttlichen Gerechtigkeit innerhalb der Sphäre menschlicher Alltäglichkeit. Dass Jakob sich seinen Frauen erklärt, sich fast händeringend rechtfertigt, beweist, dass sein Leben bereits ganz unter dem Zeichen göttlicher Inspiration steht.

Rahel und Lea akzeptieren das Vorbringen ihres Mannes, wenn sie es auch nicht zu verstehen scheinen. Ihr Denken ist noch der profanen Sphäre verhaftet. Sie antworten (Gen 31,14-15): „Wir haben doch kein Teil noch Erbe mehr in unseres Vaters Hause. Haben wir ihm doch gegolten wie die Fremden, denn er hat uns verkauft und unseren Kaufpreis verzehrt."

Zunächst stellen sie fest, dass sie als verheiratete Frauen ohnehin keinen Erbanspruch am Besitz des Vaters haben. Sie verstehen nicht, dass es ihrem Mann nicht um die materiellen, sondern um die moralischen Implikationen seines Tuns geht. Im Nachsatz verurteilen sie selbst das Verhalten Labans, der sie Jakob um vierzehn Jahre Dienst verkauft hat, wie man einen Sklaven oder Vieh verkauft haben würde. Wiederrum werden die moralischen und materiellen Aspekte des Sachverhaltes vermischt. Die Verurteilung des Vaters darf allerdings nicht falsch, d.h. rein moralisch verstanden werden. Die psychologische Figur, die hier vorliegt, weist gleichsam auf eine notwendige Trennung vom Vaterhaus hin, da man sich, vor die Wahl gestellt, natürlich immer für die selbstgegründete Familie, für Ehegatten und Kinder, entscheidet. Diese innere Trennung geschieht nun nicht durch ein positives Sich-entscheiden für Jakob und dessen Zukunft, sondern durch eine boshafte Absage an den Vater durch Verurteilung seiner Person.

Jakob flieht...erneut

Jakob flieht wie ein Gefangener aus dem Kerker. Bei Nacht und Nebel. Er wartet einen günstigen Augenblick ab und zieht dann mit Kind und Kegel Richtung alter Heimat. Als Laban davon erfährt, verfolgt er ihn zusammen mit seinen Brüdern (Gen 31,23). Was in Laban vorgegangen sein muss und was er plante, als er von Jakobs Verschwinden hörte – mit dem Schwiegersohn verschwanden ja auch die Töchter, die Enkel und ein nicht geringer Teil seines Viehbestands nebst Knechten und Mägden –, davon schweigt der Text. Wir dürfen aber annehmen, es war nichts Schmeichelhaftes. Ob Jakobs Leben konkret in Gefahr war oder ob sich Laban mit der Rückführung eines Teiles der Herde begnügt haben würde, können wir auch nicht in Erfahrung bringen, denn Gott greift in dieser Angelegenheit präemptiv ein. Er sendet Laban einen Traum, in dem er ihm bedeutet, dem Schwiegersohn gegenüber einen versöhnlichen Ton anzuschlagen (Gen 31,24). Laban ist klug genug, dem Willen des Schöpfers zu entsprechen.

Die Sache geht für Jakob glimpflich aus. Er einigt sich

mit Laban, versöhnt sich sogar mit ihm. Versprechen werden getauscht. Der Vater verabschiedet die Töchter und verlangt auch nichts von seinem Eigentum zurück, hält sich also an den Vertrag, den er mit dem Schwiegersohn geschlossen hat, wenn dieser auch sehr zu seinen Ungunsten ausgefallen ist. Ein Steinmal wird zur Bekräftigung des Schwurs aufgerichtet, man isst und trinkt und geht in Frieden auseinander.

Selbst wenn Laban ihm den sonderbaren Traum nicht verschwiegen hätte, der ihn zur Zurückhaltung gegen den Abtrünnigen aufrief, so hätte Jakob dennoch im auffallend friedfertigen Auftritt des Onkels Gottes Wirken bemerken müssen. Denn Jakobs Sinne sind verändert, verfeinert. Er vermag, das Heilige als fundamentale, d.h. tragende Wirklichkeit unter der sichtbaren Wirklichkeit wahrzunehmen. Wie seine ethischen Prinzipien sich aus seiner engen Verbindung mit Gott ableiten, so deutet er auch die Ereignisse in dem entsprechenden Kontext – der Geliebte beginnt die Welt mit den Augen des Liebhabers zu erblicken, eine Symbiose zweier Seelen, in welcher die eine, das Begehren, Fühlen und auch Fürchten der anderen vollendet in sich widerspiegelt und vorwegnimmt.

Der gestohlene Gott

Hochinteressant ist an diese Stelle eine kleine Episode, eine Geschichte in der Geschichte. Sie handelt von einem Diebstahl.

Neben seinen Tieren und Töchtern ist Laban noch etwas abhanden gekommen, das einen nicht geringen Wert für ihn besitzt: Sein Gott ist verschwunden (Gen 31,29). Gemeint ist ein kleiner Fetisch, den man sich aus gewissen Gründen in einer Nische im Haus hält, eine Götze, dessen Anbetung Gott ein Greuel ist.

Rahel ist die Diebin des Idols. Was hätte der Liebling Gottes auch mit einem Stück geformten Tons zu schaffen gehabt? Trotzdem fällt Labans Verdacht zunächst auf ihn. Entsprechend verwundert, wenn nicht gar erbost, reagiert Jakob auf die Anklage des Onkels, er hätte irgendetwas mit dem Verschwinden seines Gottes zu tun (Gen 31,32): „Bei wem du aber deinen Gott findest, der sterbe! Hier vor unseren Brüdern such das Deine bei mir und nimm's hin." Nun weiß Jakob nicht, dass seine Rahel für den Diebstahl verantwortlich ist. Schlimmer noch: Sie hat den Gott gerade bei sich, als Jakob – in seiner Unwissenheit achtlos – dem Dieb, sollte er sich unter seinen Leuten befinden, den Tod androht. Solche Schwüre leistet man nur mit größter Vorsicht. Der Tanach enthält mehr als nur eine Warnung diesbezüglich; man denke nur an den unglückseligen Jeftah.

Trickreich wie sie ist – die Verschlagenheit liegt bekanntlich in der Familie – rettet sich Rahel aus der Gefahr, indem sie den Vater täuscht. Der gesuchte Fetisch liegt nämlich unter dem Sattel, auf dem sie sitzt. Als ihr Vater kommt, bleibt sie sitzen. Kokett entschuldigt sie sich (Gen 31,35): „Mein Herr, zürne nicht, denn ich kann nicht aufstehen vor dir, denn es geht mir nach der Frauen Weise." Dieser allzu intime Hinweis der eigenen Tochter bezüglich ihres weiblichen Befindens dürfte Laban die Schamröte ins Gesicht getrieben haben. Kommentarlos wendet er sich ab. Seine Suche bleibt so erfolglos.

Warum hat Rahel ihren Vater bestohlen und warum wird uns dieses pikante Detail berichtet? Was sagt es in diesem Zusammenhang über Jakob aus und was über Gottes Beziehung zu seinem Liebling und dessen Familie, die ja die Ursubtanz seines Erbteils Israel bildet?

Rahel hat ihren Vater keineswegs aus purem Mutwillen bestohlen. Auch wenn die Episode einen durchaus humoristischen Unterton hat, ist sie keineswegs als Scherz gemeint. Rahel räumt dem Fetisch zweifellos eine gewisse Wirkmächtigkeit ein. Den Beweis hierfür liefert uns ihr vorangegangenes Interesse an den Dudaim, die Ruben auf dem Feld gefunden hat, und aus denen sie wohl einen Liebes- oder Fruchtbarkeitstrunk wird gebraut haben. Der Einsatz dieser magischen Hilfsmitteln verrät, dass Rahel Gott nicht von ganzem Herzen traut. Wir müssen davon ausgehen, dass sie ein Stück weit abergläubisch ist – eine

Eigenschaft, die der Götzendienerei ganz natürlich Vorschub leistet. Dieser Verdacht lässt sich an der Lebensgeschichte Rahels noch weiter erhärten. Zunächst wächst sie in einem Haushalt auf, in dem Götzendienerei nichts Ungewöhnliches ist. Dazu kommt ihr nicht ungetrübtes Verhältnis zum Gott Jakobs. Wie lange Jahre blieben doch ihre Gebete um ein Kind unerhört! Rahel muss also davon ausgehen, dass der Gott ihres Mannes entweder nicht besonders gut auf sie zu sprechen ist oder dass seiner Macht recht enge Grenzen gesteckt sind. Sie behält sich also Alternativen vor. Der Götze des Vaters, den sie von Kindesbeinen an als Objekt häuslicher Verehrung kennt, ist eine solche Alternative.

Was lernen wir aus Rahels Verhalten? Erst einmal dass Jakob seinen Glauben, seine intime Beziehung zum Schöpfer offensichtlich nicht oder doch nur in sehr zurückhaltender Weise innerhalb seiner Familie kommuniziert. Er macht seinen persönlichen Glauben nicht zur Grundlage einer verbindlichen Religion. Das Prinzip der Exklusivität in der Beziehung zwischen Jakob, der später Israel genannt werden wird, und seinem Gott erklärt, warum in der Folge das Judentum keine missionarischen Ambitionen entwickelt hat. Der Mensch kann Gott weder durch sein Verhalten (Taten), noch durch seinen Glauben, noch durch sonst etwas zwingen, ihm zu begegnen; Gott ist der aktive, gestaltende und motivierende Part. Er allein wählt aus, segnet oder verwirft. Diese absolute Souveränität Gottes, die er nur durch Bündnisse mit ausgewählten Menschen in Form einer freiwilligen Selbstverpflichtung aufgibt, ist eine seiner prägenden Eigenschaften.

Weiterhin lernen wir, dass das Prinzip der Götzenanbetung, welches in der Geschichte Israels zu vielfachen Katastrophen und Strafen führen wird, bereits im Bauplan des heiligen Volkes angelegt ist. Rahels „Alternative" ist die Bedingung der Möglichkeit des Auserwählten, sich aus dem Bund mit Gott zu entfernen. Warum der Schöpfer die Möglichkeit der Selbstverletzung und Selbstzerstörung zulässt, wird durch die Figur der

Spiegelbildlichkeit erklärt: Der Mensch ist Abbild Gottes, d.h. ihn eignet in Bezug auf das eigene Leben die gleiche Souveränität wie Gott, wenn auch in exklusiv-negativer Weise. Der Mensch kann Gott nicht in ein Verhältnis zu sich setzen. Dies ist Gott allein vorbehalten. Er kann lediglich dessen Angebot ausschlagen. Er kann Nein zu ihm sagen – diese Nein-sagen-können ist die Bedingung der Möglichkeit menschlicher Freiheit.

Die Wirklichkeit durch die Brille eines Gotteslieblings

Nachdem er sich mit Laban geeinigt hat, marschiert Jakob weiter seiner alten Heimat zu. Doch je näher er den Zelten Isaacs kommt, desto mulmiger wird es ihm. Die Sünden der Vergangenheit rühren sich.

Esau hat in seiner Abwesenheit die Geschicke des Hauses gelenkt. Segen hin, Segen her – Esau ist faktischer Regent der Sippe und dies nun schon seit etlichen Jahren. Wie wird es sich da ausnehmen, wenn Jakob plötzlich wieder auftaucht? Die Sache ist heikel. Jakob ist sich über den Ausgang keineswegs gewiss. Trotzdem geht er das Wagnis ein, wenn auch unter großen Vorsichtsmaßnahmen. Erst schickt er Späher. Dann, als jene ihm berichten, Esau ziehe ihm mit vierhundert Mann entgegen, teilt er das Lager auf, um im Falle eines Angriffs wenigstens mit einem Teil seines Vermögens an Mensch und Tier zu entrinnen. Am Ende sendet er Esau reiche Geschenke als Geste der Versöhnung und Unterwerfung.

Interessanter als der faktische Ablauf dieser Ereignisse ist an dieser Stelle jedoch etwas anderes. Wir erfahren, wie Jakob als Liebling Gottes die Welt um sich herum wahrnimmt – für einen kurzen Moment gestattet uns der Text Einblick in die Innerlichkeit eines Heiligen zu nehmen.

Zunächst ist festzustellen, dass Jakob in jenen Tagen eine enorme Spannung auszuhalten hat. Nicht nur sein eigenes Leben steht auf dem Spiel, nein, auch seine Frauen und Kinder, seine Mägde und Knechte, sein

Vermögen und schließlich Gottes Ehre liegen im Ungewissen. Fällt nämlich Esau über ihn her und vernichtet ihn, so wäre auch Gottes Verheißung, er würde aus Jakob ein großes Volk machen, negiert. Deutlich tritt hier wieder die Figur des Glaubensparadoxes hervor, die uns aus der Szene mit Abraham und Isaac noch geläufig ist. Die Verheißung Gottes steht entgegen der Wirklichkeit, die er selbst erzeugt hat. In unserem Fall muss sich Jakob fühlen, als ginge er selbst zum Opferaltar.

Liegt uns bei Abraham und Isaac die Figur in einer einfachen Grundstruktur vor, so wird sie nun bei Jakob vertieft und erläutert, um uns Einblick in die Weltsicht des Gläubigen zu gewähren; gehen wir die einzelnen Momente durch:

1. Während seines Zuges in die alte Heimat sieht Jakob zahlreiche Engel Gottes, er spricht von einem Heerlager (Gen 32,2-3) – der Gläubige sieht in der Welt also das faktische Wirken Gottes unter der Gestalt der Engel; die Konflikte des Diesseits spiegeln sich in den Ereignissen des Himmels wider; Jakob fürchtet in Esau einem Feind zu begegnen; die Engel lagern in einem Heeresbund; die Propheten, vor allem aber Daniel mit seinen apokalyptischen Visionen, werden später dieses Abbildprinzip als Werkzeug gebrauchen, göttliches Wissen in menschliche Sprache zu transponieren. Immer liegt eine Parallelität zwischen der göttlichen und der profanen Sphäre vor. Die eine verweist auf die andere.

2. Jakob betet sehr intensiv, erinnert Gott an seine Verheißung und seinen Befehl zurück in die alte Heimat zu ziehen, fordert aber weder die Erfüllung der Verheißung noch das Gelingen des von Gott kommandierten Unternehmens ein. Die leidenschaftliche Aggressivität seiner Jugend ist einer tiefen Ruhe und inneren Vertraulichkeit gewichen, die von echter (!) Demut und Dankbarkeit gekennzeichnet ist. Jakob betrachtet sich selbst im Moment der Prüfung und Gefahr als ohnehin Begünstigten der Liebe Gottes, der bereits in Fülle und Überfülle empfangen hat (Gen 32,11): „HERR, ich bin zu gering aller Barmherzigkeit und aller Treue, die

du an deinem Knecht getan hast; denn ich hatte nicht mehr als diesen Stab, als ich hier über den Jordan ging, und nun sind aus mir zwei Lager geworden." – hier wieder im Spiegel die Antizipation der späteren Geschichte des Volkes Israels: der Jordan als Grenze zum gelobtem Land; der Name des Stroms ist Inbegriff religiöser Dialektik schlechthin (Leben-Tod, Prüfung-Verheißung, heilig-profan etc.).

3. Das Glaubensparadox wird als *realer* Kampf dargestellt, der sich in der Seele des Gläubigen vollzieht, dessen Folgen aber durchaus körperlicher, materieller Art sind. Die Episode am Jabbok wird uns gleich noch näher beschäftigen.

Zusammenfassend lässt sich also sagen, dass Jakob, als Liebling Gottes und in dessen Liebe stehend, unter dem Gewebe der sichtbaren Wirklichkeit die wahrhaft tragende Struktur erblickt – das Heilige, das Wirken Gottes (Dynamis). Diese Struktur, dieses Fundament des Seins, ist mehr als eine bloße Ahnung. Jakob erkennt sie in luzider und unverstellter Weise: Alles, was ihm in dieser Welt begegnet und zustößt, hat ein direktes Echo in der himmlischen Welt; sein Leben repräsentiert den gesamten Zyklus der Schöpfung, wie die gesamte Schöpfung sich ereignishaft in jedem Tag, in jedem Jahr und in jedem individuellen Lebenszyklus usf. wiederholt. Als Jakob die Himmelsleiter in einem Traum sah, erkannte er die Architektur des Seins – nun zeigt uns der Text wie diese erschütternde Erfahrung die Seele und dem folgend auch die Wahrnehmung des Menschen, der Gott liebt und von jenem geliebt wird, überformt.

Jakob ringt mit Gott

Die Nacht, in der Jakob, ohne es zu wissen „mit Gott und mit Menschen" (Gen 32,29) gerungen und gesiegt hat, ist eine der wichtigsten und gleichsam sonderbarsten Geschichten im Buch Genesis. Nur mühevoll kann der Verstand begreifen, was ihm da am Ende des 32. Kapitels dargeboten wird – es ist eine schwerverdauliche, doch nichtsdestotrotz äußerst nahrhafte Speise.

Gehen wir Schritt für Schritt vor. Erst einmal ist festzuhalten, dass Jakob keineswegs zufällig in einen mörderischen Kampf gerät. Er wird nicht überfallen. Das Gegenteil ist der Fall: Entweder weiß er um die bevorstehende Krisis – etwa wie man das Heraufziehen eines Gewitters ahnt – oder – wahrscheinlicher – er provoziert sie sogar. Denn ausdrücklich heißt es (Gen 32,23-25): „Und Jakob stand auf in der Nacht und nahm seine beiden Frauen und die beiden Mägde und seine elf Söhne und zog an die Furt des Jabbok, nahm sie und führte sie über das Wasser, so dass hinüberkam, was er hatte, und er blieb allein zurück. Da rang ein Mann mit ihm..."

Allein bleibt Jakob zurück! Er trennt sich von allem, was ihm in dieser Welt lieb und teuer ist: Seine Frauen, seine Kinder, sein Vermögen – alles wofür er gearbeitet und gelitten hat, alles entfernt er aus seiner Nähe. Dieser Akt der Reinigung und Distanzierung stellt äußerlich den gleichen Zustand her, in welchem er seine erste Vision, die Himmelsleiter, empfangen hat. Auch innerlich befindet er sich in ähnlicher Stimmung: Angst, Ungewissheit, Sorge um die Zukunft. Interessanterweise ist wiederum die Figur des Bruders der Katalysator, die Begegnung mit ihm das katalytische Ereignis, das Jakobs Verzweiflung hervorruft. Die Verzweiflung Jakobs ist von spiritueller Natur und sie mündet in einem sehr offenen Zweifeln an Gott und am eigenen Schicksal wider besseren Wissens, d.h. entgegen der als Wahrheit geglaubten und gewussten Verheißung. Auch hier entfaltet wieder das Glaubensparadox seine zerstörerische Potenz. Es droht Jakob zu zerreißen. Sinnbildlich und auch sehr real beginnt er nun mit sich selbst zu kämpfen. Er wirft sich in den Staub, schlägt um sich, versucht sich zu überwältigen. Der Körper führt die Choreografie eines inneren Todeskampfes auf – das Fleisch spiegelt die Befindlichkeit des Geistes wider.

Hochinteressant ist folgende Stelle (Gen 32,26): „Und als er sah, dass er ihn nicht übermochte, schlug er ihn auf das Gelenk seiner Hüfte, und das Gelenk der Hüfte Jakobs wurde über dem Ringen mit ihm verrenkt." Aus der Formulierung des Textes geht nicht klar hervor, wer eigentlich wen schlägt. Es ist also durchaus plausibel, dass Jakob ganz im Sinne des Wortes mit sich selbst kämpft und sich dabei verletzt hat. Gleichzeitig ist aber dieses Mit-sich-selbst-ringen ein realer Kampf mit Gott. Um die Doppelbödigkeit dieses Bildes zu verstehen, muss man Jakobs Innerlichkeit begreifen, d.h. den Horizont seiner religiösen Wahrnehmung. Jakob nimmt die göttliche Realität als tragendes Fundament der sichtbaren Wirklichkeit war. Wenn er in jener Nacht also mit sich selbst ringt, um körperlich zu wiederholen, was in ihm inwendig an Zweifel und Hader an seiner Seele zerrt, so ist dieser Kampf aus Jakobs Sicht ein tatsächlicher, physischer Kampf mit Gott. In den Augen eines unbeteiligten Zuschauers aber würde er sich schreiend und heulend im Sand winden und mit Fäusten auf sich selbst einschlagen, was auf Irrsinn schließen ließe. Es ist also ebenso wahr, dass Jakob mit Gott ringt, als dass er mit sich selbst ringt. Allein die Perspektive ist entscheidend.

Dass der Kampf eine religiöse und psychologische Umwälzung vorstellt, zeigt sich an seinem versöhnlichen Ausgang – wer an dieser Stelle noch glaubt, es handle sich hier einfach um den nächtlichen Überfall eines Räubers, wird spätestens jetzt eines Besseren belehrt, denn einen Räuber bittet man gewiss nicht um seinen Segen.

Jakob gewinnt die Oberhand gegen sich selbst und gegen Gott. Paradoxerweise ist es aber gerade der Glaube an Gott, der ihm zu diesem Sieg verhilft. Er besiegt nämlich seinen Zweifel *und* seine Angst, widersteht also den Anfechtungen des Glaubens. Es ist ein großer Sieg, wenn auch teuer erkauft. Jakobs Hüfte ist verrenkt. Das inwendige Ringen hat sichtbar-materielle Konsequenzen: Dem religiösen Kampf eignet eine Faktizität innerhalb der empirischen Welt. Es ist die gleiche Faktizität des Segens, den Jakob von Isaac erhalten hat: die rituelle Handlung zeitigt rechtliche Folgen, die Gesinnung prägt den ihr folgenden Pragmatismus.

In Jakobs Fall geht aus dem Sieg über „Gott und Menschen" (Gen 32,29) sein neuer Name hervor. Der Name bezeichnet in der Tora die Wesenheit des Bezeichneten. Er ist weit mehr als bloßes Unterscheidungsmerkmal oder Zierde. Der, der einem anderen einen Namen gibt, hat Macht über ihn; das Aussprechen eines Namens verleiht umgekehrt Gewalt über den Angesprochenen. So führt die Gottesfurcht ganz selbstverständlich dazu, den Namen Gottes nicht mehr auszusprechen, einen Namen, den Gott auf der anderen Seite seinem Volk als Siegel des Bundes und als irreversible Geste der Selbstverpflichtung mitgeteilt hat.

Wie Abraham einen neuen Namen von Gott erhalten hat, so wird auch Jakob neu benannt. Der Grund hierfür liegt in der Vollendung seiner Entwicklung. Er hat sich wesenhaft gewandelt, ist endlich und zur Gänze mit Gott zusammengewachsen. Die Überwindung des Zweifels besiegelt Bund und Verheißung. Durch die Namensänderung nimmt der Schöpfer Jakob als Sohn an, er adoptiert ihn gewissermaßen. Der formalen Selbstverpflichtung wird eine sehr individuelle und intime Liebesbeziehung zur Seite gestellt; Gott nennt seinen Liebling nicht mehr mit dem Namen, den Isaac ihm gegeben hat, sondern mit einem eigenen, der gleichsam die emotionale Abhängigkeit und Bezogenheit der beiden von- und aufeinander repräsentiert und erinnert.

Jakob wird Israel: Gott kämpft.

IV. Kapitel
Der Kreis schließt sich

Obgleich Jakobs Leben noch andauert und keineswegs Abenteuer und Gefahren entbehrt – man denke nur an die Episode vor und in Sichem, an Josefs tragisches Verschwinden und den Gang nach Ägypten – können wir an dieser Stelle unsere Untersuchung beenden, weil im Akt der Namensgebung Gott selbst Jakobs spirituelle Entwicklung für vollendet erklärt hat. Jakob, dessen Leben ein Spiegel seines Großvaters Abraham ist, ist nun ganz und unwiderruflich eingegangen in die Liebe des Schöpfers und aus eben dieser Liebe wird er als Sohn Gottes neu geboren. Was uns nun noch bleibt, ist Bilanz zu ziehen oder – biblischer ausgedrückt – die Früchte unserer Arbeit zu ernten.

Parallelismus als hermeneutischer Schlüssel der Tora

Die Tora ist die Unterweisung des Menschen durch Gott. Sie liest sich wie eine Handbuch des guten Lebens. Weil sie ganz verschiedene Menschen in ganz verschiedenen Lebenskontexten erreichen will, arbeitet sie mit universalen Figuren – wir würden sagen: Mythen –, die von allen Lesern und Hörern auf die ihnen angemessene Weise verstanden werden. So erhält jeder aus seinem Studium der Texte auch diejenige Unterweisung, die er nötig hat und die ihm plausibel ist. Denn nicht nur der Verstand lernt und will angesprochen werden, nein, vor allem das Herz muss *berührt* werden. Jeder vernünftige Mensch weiß beispielsweise, dass Rauchen ungesund ist. Trotzdem rauchen auch Menschen, die über dieses Wissen *verstandesmäßig* verfügen. Es ist ihr Herz, dass nicht glaubt und so verführt der Leib, dem es nur um Lust bzw. Vermeidung von Schmerz geht, den Menschen zum Bösen. Freilich kann es auch umgekehrt sein. Auch der Geist, wenn er von irrigen Ideen und Ideologien wie von Unkraut überwuchert ist, kann das Fleisch durch „unsachgemäße Benutzung" schädigen. Aber davon soll hier nicht weiter gehandelt werden.

Die Tora gibt jedem, was er braucht – Manna vom Himmel. Sie erteilt ihre Lehren in einer Art, die der

Fragende immer auf seine je eigene Weise verstehen und akzeptieren kann. Aber wie gelingt ihr dieses Sprechen in einer universellen Sprache? Die Antwort ist bekannt: Durch permanente Wiederholung und Vertiefung bekannter mythischer Bilder und Konstellationen. Der Konflikt zwischen Kain und Abel beispielsweise wird als hermeneutische Figur im Streit Isaacs und Ismaels und dann Esaus und Jakobs wiederholt und um je eine oder mehrere psychologische Dimensionen erweitert, d.h. vertieft. Nehmen wir ein anderes, weniger leuchtendes Bild, den Zug Abrahams nach Kanaan. Als Abraham in der Gegend von Siechem ist, spricht Gott zu ihm und erneuert seine Verheißung, das Land, worauf er sich befindet, in Besitz zu nehmen. Die Ereignisse, die Jakob vor Sichem ereilen, greifen diese Verheißung auf und übersetzen sie in die Geschichte um Leas Tochter Dina. Diese Geschichte wiederum ist Urbild der Landnahme. Immer wieder werden die Israeliten ihrem Gott abspenstig, mischen sich mit den Bewohnern des Landes, beten deren Götter an und übernehmen deren Sitten und Gebräuche etc. Bei Jakob haben wir Dinas Interesse an den Töchtern des Landes, welches zur bekannten Katastrophe führt.

Das Urbild des Gesetzes: Das Leben

Als weiteres Beispiel ein Wort zum Gesetz. Das Grundgesetz Gottes für den Menschen ist nichts anderes als die Bekräftigung und darin Heiligung seines stärksten Triebes (Gen 1,28): „Seid fruchtbar und mehret euch[.]"
In diesem Gesetz sind alle folgenden Gesetze enthalten. Es ist die Urgestalt des Gesetzes schlechthin. Der Wert, den es zu verwirklichen trachtet, ist das Leben an und für sich. Dabei ist nicht nur das menschliche Leben gemeint, sondern das Gedeihen der Schöpfung überhaupt – darum setzt Gott sein Abbild den Menschen zum Herrn über die Schöpfung (Gen 1,28) – wie Jakob von Laban über dessen Vermögen gesetzt wird... Nicht nur das physische Leben ist gemeint, sondern in der Folge auch das seelische –

denn das Wachsen des einen bedingt notwendig das Wachsen des anderen. Jeder Mann und jede Frau, die ein Kind bekommen haben, werden wissen, wovon ich spreche: Der gesamte Prozess der Fortpflanzung, von der Entwicklung des eigenen Körpergefühls als Beginn der Sexualität bis zum Weggang der Kinder aus dem Haus als Vollendung des Reproduktionszyklus, ist gleichsam die bildhafte Parallele der spirituellen Reifung innerhalb des Lebensspektrums. In diesem Kontext enthält Gen 1,28 also jedes andere Gesetz in sich – wenn auch unter dem Vorbehalt, dass man für das volle Begreifen des Gesetzes jenes bereits verwirklicht haben muss.

Die erste Konkretisierung finden wir nun in der Form: Liebe deinen Nächsten wie dich selbst (Lev 19,18). Danach folgt die Figur der Zehn Gebote (Ex 20, 1-17). Danach die 613 Gebote der Tora als Gesamtkatalog. Danach die einzelnen religiösen Sondergesetze und Bestimmungen. Jede weitere Auffächerung und Konkretisierung dient dazu, das Gesetz immer lebensnäher und lebenspraktischer zu formulieren. Dies geschieht für jene seiner Hörer, die nicht in der Lage sind, aus der abstrakten Form selbstständig eine grundsätzliche Gestimmtheit und situativ angemessene Verhaltensweise abzuleiten. Du sollst ordentlich essen. Was bedeutet das? Du sollst zum Beispiel Messer und Gaben zum Zerteilen der Speise benutzen? Wie geht das? Du sollst das Messer so benutzen und die Gabel so? Wie genau? So sollt das Messer in jener Hand und in dieser Weise halten und so weiter und so weiter.

Die jesuanische Kritik am Kult ist, um den Gedanken in aller Kürze abzuschließen, reine Gesetzeskritik. Denn die böse Frucht der andauernden Konkretisierungen des Gesetzes ist, dass die Menschen am Ende nur noch auf die Einhaltung von Detailnormen achten, während sie das Verständnis für den Sinn und den eigentlichen Wert, der in der Norm verwirklicht werden soll, verloren haben. Die Basis des Gesetzes ist das Leben – Dasein – selbst. Alles, was das Leben behindert oder mindert, ist abzulehnen. Alles, was das Leben fördert, ist zu verwirklichen.

Gottes Liebe ist konditional (1) – Die Gesinnung ist entscheidend

Die nächste Erkenntnis ist gleichfalls schwer verdaulich für alle, die an jene ideologische Diät gewöhnt sind, deren fades Hauptgericht in dem Satz besteht: „Gott ist Liebe, oder populärer formuliert: Gott liebt alles und jeden." Nichts könnte falscher sein – wir erwähnten dies schon am Anfang dieses Textes.

Der Tanach erzählt die Geschichte der Beziehung Gottes zu den Israeliten im Besonderen und zur Menschheit im Allgemeinen. Diese Geschichte ist mit Blut geschrieben. Ganze Völkerschaften werden aufgrund ihrer gotteslästerlichen Lebensweise – richtiger: Todesweise, denn ihr Leben führt zum Tod – von anderen Völkerschaften, die oft nicht besser sind als ihre Opfer, ausgerottet. Der Krieg in den Seelen der Menschen wiederholt sich im mörderischen Kampf der Nationen. Gott selbst hat mit der Sintflut und der Zerstörung der unheiligen Geschwisterstädte, Sodom und Gomorrha, sehr eindeutige Signale gesetzt, dass er das Böse und die, die Böses tun, auf den Tod hasst.

Was aber ist das Böse, das Gottes Hass entzündet und was ist das Gute, das seine Liebe entbrennen lässt?

Das Urbild zu diesem Problem liegt offensichtlich in der Geschichte vom Baum der Erkenntnis. Der Mensch isst davon und vermag nun zwischen Gut und Böse zu unterscheiden. Diese Unterscheidungsfähigkeit macht den Menschen nicht schlechter als er war, sie eröffnet ihm jedoch die Möglichkeit falsch, d.h. böse zu handeln. Dieses Böse-handeln ist in erster Linie ein inneres Ereignis. Mit den sichtbaren Taten, die doch oft die Früchte der ihnen je zugrundeliegenden Gesinnung sind, hat die innere Gestimmtheit nicht notwendig etwas zu tun. Eine gute Intention kann zu bösen Taten führen: Man denke nur an den Terroristen, der gewiss in bester Intention mordet. Umgekehrt können schlechte oder indifferente Gesinnungen auch durchaus positive Taten hervorbringen. Die Tat ist also nicht das Entscheidende und demzufolge ist auch die Frucht, also das Ergebnis der Tat, ethisch indifferent – die kontextuelle Perspektive ist hier das wandelbare Maß. Die Gesinnung, die Gestimmtheit, ob gut oder böse, ist aber auch nicht das Entscheidende – man darf sich an dieser Stelle nicht täuschen lassen, auch hier ist das Maß nicht fix. Um dem Bösen auf den Grund zu gehen, müssen wir noch einen Schritt weiter gehen, wir müssen das wahre, d.h. das „konstituierende" Böse in seiner Wesenheit zu begreifen: Der Baum, dessen Früchte Adam und Eva die Augen öffnen, ist ein Baum des *Erkennens*. Das Erkennen aber impliziert das Wissen um die Sache, die erkannt wird. Der Mensch weiß also, was gut und böse ist. Als Einzelner vermag er zu unterscheiden und er vermag als Einzelner valide Urteile zu fällen. Das wahre Böse liegt darin, dass der Einzelne *gegen sein besseres Wissen urteilt* und – als Addendum – diese Fehlentscheidung auch noch zu rechtfertigen, d.h. sie gegen besseren Wissens vor sich und anderen als gut vorzustellen sucht.

Um mich gleich gehörig in die Nesseln zu setzen – das Beispiel Abtreibung.

Abtreibung vernichtet Leben und verstößt darin direkt gegen das göttliche Grundgebot. Es ist unbeschreiblich, wie tief das moralische Niveau einiger Gesellschaften gesunken sein muss, wenn der Mord an Ungeborenen nicht nur straffrei und darin erlaubt, sondern sogar mit dem Verweis auf vermeintliche Freiheitsrechte moralisch gerechtfertigt wird. Das eigentlich Böse in diesem Verhältnis ist nicht die Abtreibung als Tat. Ich stelle mir vor, dass jede Frau, die in eine solche Lage gerät, schwer mit sich ringen muss – es ist nämlich aus gutem Grund der Mutter eine starke Liebe zu ihrem Nachwuchs ins Herz gepflanzt. Auch der Mediziner, der seine Hände mit Blut befleckt, kann u.U. von der Schuld freigesprochen werden – mag sein, dass er sich denkt, wenn er nicht den Abort schonend vollzöge, ginge die Mutter zu einem unqualifizierten Helfer in einer schattigen Seitengasse mit entsprechend unabsehbaren Folgen....

Die Tat selbst, obgleich an und in sich zutiefst

abstoßend und widerwärtig, kann *kein anderer Mensch verdammen*, als die Mutter selbst, die ihr eigenes Kind beseitigen lässt. Sie wird ihre Gründe haben und Gott selbst wird am Ende der Zeit in dieser Sache von Fall zu Fall richten. Jene aber, die tausend Argumente und Gründe erfinden, um den Mord an Kindern so oder so zu rechtfertigen, ihn als etwas Indifferentes oder gar – in extremen Fällen – als etwas Gutes und Angemessenes (Bevölkerungskontrolle, individuelle Freiheiten etc.) hinzustellen, die also wider besseren Wissens das Böse mit dem Mantel des Guten bekleiden, jene Menschen, die Frauen bereden, wider ihren Instinkt – d.i. das Wissen des Herzens, dem grundsätzlich mehr als dem irrenden Verstand zu trauen ist (Spr 3,5-6) – das eigene Kind morden, jene Menschen sind Inkarnationen und zugleich Opfer des Urbösen.

Gott hasst nicht die Irrenden, die das Gute suchen, aber irgendwo auf dem Weg verloren gehen. Welcher Mensch ist ohne Fehler? Er hasst aber jene, die das Böse und die Lüge rechtfertigen (Jes 5,20), die die Blinden vorsätzlich auf den falschen Weg schicken, die Gräber übertünchen.

Kehrt man diese Prinzip um, sieht man, wie Gottes Liebe funktioniert. Auch hier sind nicht die gerechten Taten entscheidend, sondern die *grundsätzliche* Gesinnung, die Gestimmtheit – nicht die den Taten zugrunde liegende Gesinnung, sondern die Gestimmtheit in Bezug auf Gott und das Leben an sich. Das bedeutet, dass Gott jene Menschen liebt, die ihn lieben und aus dieser Liebe heraus – nicht aus Angst, nicht aus Pflichtgefühl; diese pädagogischen Werkzeuge sind eindeutig nachgelagert – seine Gebote halten, d.h. das Leben fördern und mehren. Darum ist der Lohn der Gesetzestreue auch das Leben, das in Gott ewig und in Fülle ist.

Gottes Liebe ist konditional (2) – Der Mensch als Spiegel; Schönheit und Geistigkeit

Neben der Grundgesinnung finden augenfällig auch noch solche Eigenschaften Gottes Gefallen, die entweder gar nicht oder zumindest nur teilweise von uns Menschen beeinflusst werden können. Diese Erkenntnis ist noch schwerer zu verdauen, als das bloße Faktum, dass Gottes Liebe überhaupt von bestimmten Konditionen abhängt. Denn eine Gesinnung kann man entwickeln, die körperliche Erscheinung aber ist, trotz aller Möglichkeiten sie zu manipulieren, doch recht festgefügt, d.h. unserem Zutun und Einwirken weitestgehend entzogen. Spätestens das Alter verwüstet unser Fleisch. Genauso verhält es sich mit den Geistesgaben. Einer ist klüger als der andere, lernt schneller und vermag das Gelernte leichter in Zusammenhänge zu rücken, gewinnt rascher tiefere Einsichten. Trotzdem sind wir nicht hilflos unseren Anlagen ausgeliefert. Wir können das Beste oder das Schlechteste aus unseren Gaben bzw. deren Abwesenheit machen. Auch ein hässlich geborener Mensch kann sich waschen und gepflegt kleiden, auch er kann auf Körpergewicht und Reinlichkeit achten. Auch ein Mensch mit geringer Auffassungsgabe, kann sich um Wissen bemühen, kann lesen und studieren, klügeren und weiseren Menschen als er selbst zuhören usf.

Der Schöpfer liebt die Schönen und Klugen und Gerechten – diese Liebe scheint in unseren Augen ungerecht, weil sie nach einem uns unangenehmen Diktum bevorzugt und zurückstellt. Ohne Ansehen der Person soll der Richter richten, aber mit Ansehen der Person segnet und liebt Gott! Nun, es liegt in seiner absoluten Souveränität der Schöpfung gegenüber gegründet, solches zu tun. Das Geschöpf hat den Schöpfer nicht zu kritisieren – jammern darf es und schreien und sich beschweren, ja, aber nicht kritisieren, d.h. rechten und richten!

Warum liebt Gott das Schöne und Kluge und Gerechte? Gedenken wir wieder des Maßstabs, nach dem der

Mensch geschaffen ist: Das Bild Gottes. Wir sind das Abbild des Schöpfers, ihm gleich in Qualität der Eigenschaften, nicht aber in individuellem Vermögen. Wir erschaffen gleich ihm, aber nicht in der gleichen Dimension, noch mit vergleichbarer Perfektion. Wie lieben gleich ihm, aber weder in der selben Intensität noch mit vergleichbaren Beständigkeit und Leidenschaft. Wenn Gott den Menschen ansieht, erblickt er sich selbst – und dieses Sich-selbst-erblicken-wollen ist der eigentliche Grund, warum er den Menschen als freies Geschöpf in eine sonst unfreie, determinierte Schöpfung gestellt hat.

In hervorragender Weise hat etwa Pico della Mirandola diesen Willen zur Selbsterkenntnis des Schöpfers in seiner Rede über die Würde des Menschen herausgearbeitet. Vor allem die ersten Seiten sind sehr erhellend. Eine Schöpfung ohne den Menschen ist, um seinen Gedanken auf das Essentielle herunterzubrechen, sinnlos. Er ist es, der der geschaffenen Welt erst Würde und Weihe verleiht, indem er alleine als autonomes – freies, vernunftbegabtes, schöpferisches – Wesen sie betrachten und verstehen kann. Doch damit nicht genug. Der betrachtende Geist ist indes identisch mit dem Geist des Schöpfers, wenn auch in Erkenntnisvermögen und -dimension durch den *geschaffenen* Anteil an der Gesamtkonstruktion, d.i. Körper, Fleisch etc. eingeschränkt. Die grundsätzliche geistige Identität ist die Bedingung der Möglichkeit in der Schöpfung den Schriftzug des Schöpfers zu erkennen. Die Voraussetzung für dieses Erkennen ist im Umkehrschluss das vorausgehende Wissen um den Schöpfer selbst. Darum proklamieren die ersten beiden der Zehn Gebote eben diese Erkenntnis; nämlich, dass Gott *ist* (Ex 20,2) und dass es nur *einen* Gott gibt (Ex 20,3), und dieser der Gott der Tora ist.

Gehen wir zurück, um den Bogen des Gedankens zu schließen. Im Menschen gelangt Gott zu einem Bewusstsein seiner selbst – er projiziert sich in seine Schöpfung und erkennt aus dieser Perspektive sich selbst als den Schaffenden. In der Tora finden wir zwei sehr signifikante Stellen, die dieses Prinzip der

Selbsterkenntnis zum Ausdruck bringen. Da wäre zum einen der Hinweis, dass der Mensch die Schöpfung namentlich bezeichnet (Gen 2,20): „Und der Mensch gab einem jeden Vieh und Vogel unter dem Himmel und Tier auf dem Felde seinen Namen." Wer einen Namen gibt, bestimmt die Wesenheit einer Sache oder, wenn wir es drehen, er muss die Wesenheit einer Sache erkannt haben, um ihr einen passenden Namen geben zu können. Wenn wir schon von Namen sprechen...Auch Jakobs Name änderte sich, nachdem seine Wesenheit sich gewandelt hatte, bzw. Gott kannte die wahre Wesenheit Jakobs, als er ihm einen neuen entsprechenden Namen gab.

Jakob gibt uns auch den zweiten Hinweis für die göttliche Selbsterkenntnis durch den Menschen: Im Bild der Himmelsleiter hat Jakob die Architektur des Seins selbst erblickt (Gen 28,10ff). Gott am oberen Ende der Leiter und Jakob am unteren sahen einander an, erkannten einander als das, was sie waren. Diese verdoppelte Perspektive von unten und von oben konstituiert erst die Gesamtsicht auf das Sein, die nötig ist, um die göttliche Handschrift zu entziffern und so über sein Wirken auf das Wesen des Schöpfers schließen zu können.

Zum reinen Akt der Erkenntnis tritt nun noch ein zweiter Akt hinzu. Die Schöpfung ist mehr als nur Bühne der Erkenntnis, sie selbst besitzt einen Eigenwert, d.i. ihre Materialität. Das Spiegelbild des Schöpfers ist demnach nicht auf das rein Geistige beschränkt, sondern sie umfasst auch die Schöpfung in ihrem Selbstsein. Gott will sich nicht nur erkennen, er will sich auch erfühlen, damit er sich in seiner Ganzheit *erleben* kann.

Und wiederum ist es der Mensch, der die gefühlte Erkenntnis, das eigene Erleben, ermöglicht, denn er ist eine Kombination aus göttlichem Geist und geschaffenem Fleisch.

Hier tritt nun zutage, warum Gott nicht nur die geistig vortrefflichen Menschen bevorzugt, sondern auch den körperlich hervorragenden.

Es ist Weisheit in allem Fleisch, die die geistige Weisheit in sich abbildet, bzw. in einem anderen Medium wiederholt – wiederum sind die gleichen Prinzipien von Wiederholung, Spiegelung und Vertiefung am Werk. Die höchste Abstrahahierung des Geistes mündet in der Musik, wo sie als Prinzip mathematischer Harmonie subsistiert. Die Musik aber spricht das Gefühl und darin auch und vor allem die körperlich vermittelte Wahrnehmung an. Musik wird erhört, erlauscht. Sie nötigt zum Tanzen oder zum Singen. Sie lähmt den rechnenden Geist, aber beflügelt jenen Teil der Seele, der mit dem Fleisch eng verwachsen ist – Instinkt, Intuition. Musik ist nur ein Beispiel für die unmittelbare Verwandtschaft von höchster Geistigkeit und konkreter Körperlichkeit.

Wenn die Selbsterkenntnis Gottes auch eine körperliche Dimension hat, und dass dem so ist, beweist die bloße Existenz einer materiellen Schöpfung, die ohne den Wert des Materiellen vollkommen sinnlos, ja geradezu absurd wäre, dann hat auch das physische Gepräge eine unmittelbare Bedeutung für die Selbsterkenntnis Gottes im Menschen. Ein schöner Mensch wird leichter und stärker begehrt als ein verunstalteter – Hässlichkeit dagegen ist dem Akt körperlicher Liebe derart abträglich, dass die fleischlichen Bedingungen seiner Durchführung oft nicht einmal mehr erfüllt werden können. Einem gesunden Menschen stehen größere und tiefere Empfindungen zu Gebote als einem kranken – diese Sachverhalte sind selbsterklärend.

Dass Gott bei gleicher geistiger Potenz die Schönen und Gesunden den Kranken und Hässlichen gegenüber bevorzugt, liegt also auf der Hand: Wir selbst bezeugen dieses Prinzip, wenn wir gegen manches ideologische Dogma natürlich als Imago Dei die gleichen Präferenzen hegen. Die Menschen sind ungleich geschaffen, sollten sie da nicht ungleich geliebt werden? Wir können diese vermeintliche Ungerechtigkeit – ungerecht allein in unseren Augen – bedauern und versuchen, die gröbsten Härten abzufedern – Gott selbst tut dies, in dem er die Kranken heilt! – aber kritisieren dürfen wir sie nicht. Es steht dem Geschaffenen nicht an, den Schöpfer in Frage zu stellen.

Mit zunehmendem Alter gleicht sich das scheinbar ungleich verteilte Gut der Schönheit zudem wieder aus. Das Alter, d.h. der Verfall das Fleisches, macht alle gleich...hässlich. Es betäubt das Fleisch, dafür befreit es den Geist. Der Jugend eignet Schönheit, dem Alter Weisheit – dies gilt, wenn wir entsprechend unserer Anlagen leben. Versuchen wir aber das Geistige oder Körperliche einseitig in uns zu entwickeln und zu konservieren, verkommen wir zu Ungeheuerlichkeiten, die in keiner Weise mehr das göttliche Angesicht widerzuspiegeln vermögen – auch dies ist selbsterklärend.

Wie die gute, edle Grundgesinnung der Spiegel der geistigen Wirklichkeit Gottes ist, so ist es die natürliche Schönheit und Gesundheit im Fleisch. Und dort, wo beide Aspekte zu ihrer Zeit und in ihrem Maß in höchster Reinheit heraustreten, sehen wir Menschen, die wahrhaft Abbilder Gottes sind und die wir deshalb fast zwanghaft schätzen und lieben *müssen*, weil Gott sich in ihnen selbst entdeckt, und erkennt und liebt, wie wir ihn entdecken, und erkennen und lieben.

Tipps für Ihre Lektüre:

Labyrinth
von **Marcus Caracalla**

ISBN: 978-3-7386-1462-6
276 Seiten

Preis: Taschenbuch 12,90€ oder als E-Book: 2,99€

Zum Inhalt:

Ein Werk von erstaunlicher Kraft und Tiefe!

Tief wie das sagenhafte Labyrinth des Minos, in dessen innerster Kammer ein Scheusal auf den blutigen Tribut wartet. Kraftvoll wie die Protagonisten, Ariadne, Theseus, Phaidra, Daidalos und all die anderen, die sich im tausendzimmerigen Palast des Königs in einem Netz von Grausamkeit und Lügen gefangen finden.

Erzählt wird vom Schicksal der Schicksalslosen, von der Schuld der Unschuldigen und von ihren vergeblichen Versuchen, sich aus den Verstrickungen der Gewalt zu befreien. Inzest, Sadismus und Wahnsinn herrschen im goldenen Haus des Minos, aus dem kein Entkommen möglich scheint.

Der minoische Sagenkreis bildet die Grundlage dieses Romans der Antihelden, die zugleich Täter und Opfer sind. Er berichtet ihre Geschichte, zeigt ihre Perspektive und die finale Ausweglosigkeit ihres Handelns. Am Ende zermalmt sie die Katastrophe, die sie selbst heraufbeschworen haben.

Caligula
Kindheit und Jugend eines Gottes
von **Marcus Caracalla**

ISBN: 978-3-7386-5639-8
388 Seiten

Preis: Taschenbuch 14,90€ oder als E-Book: 5,99€

Zum Inhalt:

Auf dem Höhepunkt seiner Macht leidet das römische Imperium unter den mörderischen Rivalitäten und der wachsenden Dekadenz seiner Oberschicht. In diese Zeit des sittlichen Verfalls wird Caligula hineingeboren. Bis heute ist er der Welt als geisteskranker Despot in Erinnerung geblieben; ein Mensch, der am Ende seines Lebens nicht einmal davor zurückschreckte, seine Schwester zu heiraten und sich selbst als Gott verehren zu lassen.

Dieser erste Band einer Trilogie erzählt von der Kindheit und Jugend des späteren Kaisers. Weil sein Vater nach dem Tod des Augustus vor den neuen Herrschern Roms fliehen muss, wächst Caligula im unwirtlichen Norden des Reichs auf. Das raue Lagerleben und ständige Kriegsgefahr prägen seine ersten Jahre. Er muss sich gegen Gleichaltrige durchsetzen und lernt früh, dass einzig Rücksichtslosigkeit und Brutalität zum Ziel führen. Als sein Vater nach Rom zurückberufen wird, gerät Caligula in einen Strudel von Intrigen und Verrat. Sein Leben schwebt in ständiger Gefahr. Nicht nur der irrsinnige Tiberius, auch Seian, der machthungrige Präfekt der Prätorianer, und Livia, die hinterhältige Mutter des Kaisers, haben es auf ihn abgesehen. Nur in dem er sich an die perverse Wirklichkeit anpasst, gelingt es ihm, zu überleben.

Pan
Die Götter Amerikas I
von **Aaron Toth**

ISBN: 978-3-8448-1276-3
158 Seiten

Preis: Taschenbuch 7,90€ oder als E-Book: 3,99€

Zum Inhalt:

Paul Newfield, ein gefeierter Bildhauer und Soziopath, lebt zurückgezogen in einer Hütte irgendwo in den Catskill Mountains. Eines Tages taucht Amanda Burden, eine junge New Yorker Kunststudentin, wie aus dem Nichts bei ihm auf und bringt sein ruhiges Leben völlig aus der Bahn. Eine romantische Affäre entwickelt sich, die beide an den Rand ihrer Kräfte und Möglichkeiten führt. Zwischen dem Einsiedler und der Studentin stehen Welten, die unvereinbar scheinen. Für die beiden gibt es nur einen Weg, ihre inneren Dämonen zu überwinden und einander zu erlösen – doch der Preis ist tödlich. Pan ist der erste Band der neuen Reihe: Die Götter Amerikas.